Axel Lindén

Schafe hüten

Tagebuch eines Schäfers

AXEL LINDÉN

Schafe hüten

Tagebuch eines Schäfers

Aus dem Schwedischen
von Ursel Allenstein

ullstein leben

Die Originalausgabe erschien 2017 unter dem Titel
Fårdagboken bei Albert Bonniers Förlag, Stockholm

Das Zitat von Helen Macdonald auf Seite 132 f. stammt aus H wie Habicht, Ullstein 2015, Aus dem Englischen von Ulrike Kretschmer. Zitat eins zitiert nach der E-Book-Ausgabe, S. 14–15, Zitat zwei S. 152.

MIX
Papier aus verantwortungsvollen Quellen
FSC® C014496
FSC
www.fsc.org

Ullstein leben ist ein Verlag
der Ullstein Buchverlage GmbH

ISBN: 978-3-96366-007-8

Umschlaggestaltung: zero-media.net, München
Titelabbildung: © GettyImages/Randy Plett
Bild im Innenteil: © shutterstock
Gesetzt aus der Dante
Satz: LVD GmbH, Berlin
Druck und Bindearbeiten: GGP Media GmbH, Pößneck
Printed in Germany

Vorwort

Mittlerweile kommt es mir bereits ziemlich lange her vor, dass wir in Stockholm lebten. Ursprünglich hatten wir den Umzug auf den Hof meiner Eltern eher als Projekt angesehen, als eine Phase, in der wir mal etwas anderes ausprobieren wollten. Vielleicht sogar als einen verlängerten Urlaub oder eine Auszeit. Einige meiner Kollegen an der Universität, an der ich Literaturwissenschaft lehrte, hatten nach ihrer Promotion Stipendien erhalten, um für ein paar Jahre zu forschen. So was in der Art.

Zu dieser Zeit machten sich viele von uns Gedanken über die ökologische Krise und drohende Katastrophenszenarien. Was würde passieren, wenn kein Wasser mehr aus dem Hahn käme, kein Strom mehr aus den Steckdosen, kein Geld mehr aus dem Automaten? Auch ich begann, über die globale Verteilung von Ressourcen nachzudenken. Natürlich war ich mir über die Ungerechtigkeit unserer Welt im Klaren, doch ich hatte nie ernsthaft darüber nachgedacht, dass es einen direkten Zusammenhang mit einem hohen oder niedrigen Lebensstandard gab. Aus dieser Erkenntnis zog ich schließlich die vielleicht ein wenig überhastete Schlussfolgerung, wir könnten einer drohenden Klimakatastrophe und der globalen Ungerechtigkeit nur entgegenwirken –

und gleichzeitig überleben, wenn alles zusammenbrach –, indem wir unser eigenes Essen anbauten und unser eigenes Holz fällten. Und uns ein paar Schafe zulegten.

Die ganze Idee war vollkommen absurd, wenn man bedachte, in welcher Situation ich mich damals befand. Ich lebte in einer Stadtwohnung, pendelte zur Arbeit, redete mir ein, ich wäre engagiert, nur weil ich zu politischen Veranstaltungen ging und in veganen Restaurants aß. Wenn wir davon sprachen, dass wir etwas verändern wollten, führte das allenfalls dazu, dass wir einen Artikel schrieben oder eine neue Facebookgruppe gründeten. Meine Kollegen und ich bildeten uns ein, wir würden uns kaum am Wirtschaftswachstum und Konsum beteiligen, obwohl wir unsere Gehälter doch für alle möglichen Annehmlichkeiten und Luxusgüter ausgaben.

Darüber hinaus gab es jedoch etwas, was eine noch stärkere Anziehungskraft auf mich ausübte. Ein vages und doch sehr intensives Gefühl: Ich wollte raus. Aussteigen. In Stockholm lebte ich wie eine Wohnungskatze. Alles, was ich zum Leben brauchte, gab es in Dosen abgefüllt oder verpackt. Ich war gezähmt und zur Passivität verdammt, befand mich aber nie im direkten Kontakt mit den Elementen. Ich musste mich nie darum kümmern, wie das Wetter werden würde. Und plötzlich hatte ich das Bedürfnis, da draußen zu sein, die Kälte in meinen Fingerspitzen zu spüren, mir selbst mit dem Hammer auf den Daumen zu hauen und meine Hosen so lange zu tragen, bis sie an den Knien durchgescheuert waren.

Dieses Gefühl wurde dadurch verstärkt, dass unsere Kinder in einen Kindergarten auf der anderen Seite des Stadtzentrums gingen. Jeden Morgen mussten wir vierzig Minuten dorthin pendeln und nachmittags wieder zurück. Die Kinder warfen sich im Gang der U-Bahn auf den Boden, so erschöpft waren sie von der Situation. Auch das veranlasste mich zu dem Gedanken: Wir gehören nicht hierher. Wir müssen raus.

Wie durch eine göttliche Fügung fielen unsere Umzugspläne damit zusammen, dass meine Eltern ihren Hof aufgeben wollten. Dieser Hof war die perfekte Kombination aus separaten Wohnhäusern, Gemüsegärten, Weiden und landwirtschaftlichen Gebäuden innerhalb einer kleinen Dorfgemeinschaft. Zu Beginn des 20. Jahrhunderts war der Hof eine Art Feudalgesellschaft im Miniaturformat gewesen. Neben den landwirtschaftlichen Gebäuden war auch eine Reihe von Häusern für die Menschen gebaut worden, die dort arbeiteten. Nach einer Landwirtschaftsreform wurde der Feudalherr zu einem gewöhnlichen kleinen Geschäftsmann, die

Wohnstätten wurden in Mietshäuser umgebaut und der große Kuhstall mit der wunderbaren Rundscheune (eine eigenartige Konstruktion, die aussieht wie eine Mischung aus Shakespeare's Globe und einer heidnischen Kultstätte) zu einem stillgelegten musealen Objekt.

Wir hatten den Plan, das alte Herzstück des Hofs zu bewohnen. Die großen Felder und Kuhställe konnten wir vermieten und gleichzeitig die Mietverträge einiger Häuser übernehmen, und so schufen wir eine Oase der nachhaltigen, nicht-mechanischen Landwirtschaft in kleinem Umfang, inmitten der hochtechnisierten, auf fossile Brennstoffe angewiesenen modernen Agrarlandschaft.

All unsere Freunde aus der Stadt, die entlang derselben U-Bahn-Linie gelebt hatten wie wir, waren überzeugt davon, dass wir bald zurückkommen würden. Aber dafür ist es heute längst zu spät. Inzwischen sind wir Schäfer und Landleute. Als ich in Stockholm gelebt hatte, war meine Mutter immer von all dem Lärm und der Hektik vor unserer Tür entsetzt gewesen. Das konnte auf keinen Fall gut für die Kinder sein … Ich hatte die Augen verdreht und sie für eine ewig Gestrige gehalten. Mittlerweile nervt mich das Leben in der Großstadt genauso sehr. Es kann für niemanden gut sein.

An einem warmen Abend gegen Ende unseres ersten Sommers auf dem Land schauten meine Frau und ich über die Hecke zu den großen Feldern hinüber. Wir hatten den ganzen Tag gearbeitet und Wurzelgemüse geerntet. Und nun genug beisammen, um die Familie ein ganzes Jahr davon zu ernähren. Aus nur einer Ernte. Dort draußen schweiften enorme Scheinwerfer über die Felder. Sie kamen auf uns zu, und wir hörten ein vielschichtiges, komplexes Rauschen, das immer lauter wurde. Ein riesiger Mähdrescher fuhr in einer verächtlichen Pirouette an uns vorüber. Uns wurde klar, dass er jede Minute Nahrungsmittel für Tausende Menschen verschlang.

Das ist das Ende der Welt, sagte ich.

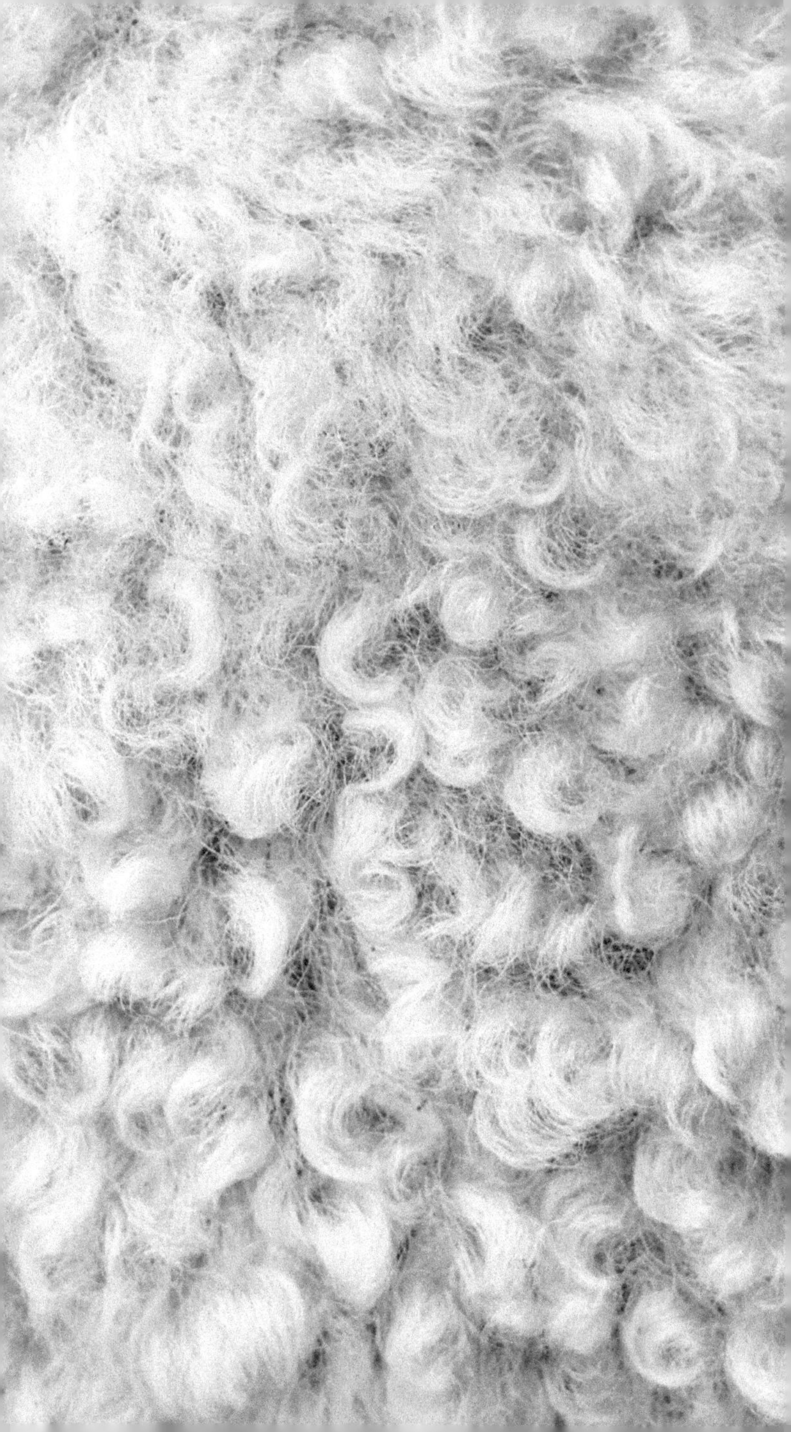

3. Juli

Mää-äh! Da sind sie. Ich kann sie nicht richtig sehen, aber meistens stehen sie drüben im Gehölz. Die Schafe. Oder die Schafherde, Individuum und Gemeinschaft in einem. Ich muss an Horace Engdahl denken, den Literaturkritiker. Noch vor wenigen Jahren habe ich Menschen wie ihn bewundert – oder zumindest interessiert verfolgt. Irgendwer sagte einmal, Engdahl habe anscheinend Angst davor, später einsam und bedeutungslos zu sein. Wer die Einsamkeit fürchtet, hatte vielleicht nie die richtige Gesellschaft, wer die Bedeutungslosigkeit fürchtet … Mäh.

5. Juli

Die Mutterschafe liegen gesittet neben dem Nutzgarten. Die Herde wirkt nicht besonders groß. Es sollten zwölf Mütter mit sechzehn Lämmern sein, aber aus der Ferne sehen sie eher aus wie … neun. Sie scheinen zufrieden zu sein. Sie liegen gern auf einem kleinen Hügel und schauen hinab. Als hätten sie den Überblick.

10. Juli

Auf den Weiden entstehen kleine Pfade. Die Schafe laufen hintereinander, um nicht ihr ganzes Gras zu zertrampeln. Darauf wäre ich nie gekommen.

13. Juli

Es ist warm. Sie liegen im Schatten unter den großen Eichen. Angeblich leiden sie trotz ihrer Wolle nicht unter der Hitze. Historisch gesehen sind Schafe Wüstentiere. Auf der Koppel steht eine alte Weidenpumpe, mit der die Tiere selbst Wasser aus einem Brunnen hinaufbefördern können. Über der Wasserschale befindet sich ein Deckel, der einen Pumpmechanismus auslöst, wenn man ihn mit der Schnauze anstupst. Eigentlich ist die Pumpe für Kühe gedacht, und in meiner Herde gelingt es auch nur einem alten Mutterschaf, ein bisschen Wasser herauszubekommen – wenn es wütend ist. Ich gehe hin und pumpe ein paar Liter Wasser für sie. Sie trinken grundsätzlich nicht besonders viel.

1. August

Man sollte mindestens einmal am Tag nach den Schafen sehen. Im Sommer kommen sie die meiste Zeit allein zurecht, im Grunde muss man nur kontrollieren, ob sie noch leben und genug Wasser haben. Wir sind mehrere hier auf dem Hof, die versuchen, bei der Schafhaltung zusammenzuarbeiten. Wir hatten unterschiedliche Systeme, die Verantwortung zu teilen. Menschen kamen und gingen, aber die Schafe sind geblieben. Ein System bestand darin, die Arbeitszeit aufzuschreiben. Kontrollgang auf der Weide: zehn Minuten. Im Nachhinein erscheint das vollkommen unangemessen. Und es nahm dem Ganzen auch ein bisschen den Charme. Das Schöne daran, Schafe zu haben, ist nämlich gerade, dass es einem nicht immer wie eine Arbeit oder Verantwortung erscheint. Vielleicht lässt sich das Gefühl am besten damit beschreiben, dass nicht ich die Schafe habe, sondern die Schafe mich.

11. August

Ich spaziere auf die Weide. Alles in Ordnung. Eines der Mutterschafe steht ein Stück von den anderen entfernt. Es sieht mich an, dann lässt es den Blick in die Ferne schweifen und blökt. Warum, weiß ich nicht. Das Schaf vermutlich auch nicht.

18. August

Wir haben eine Gruppe männlicher Lämmer von den anderen getrennt, weil sie geschlechtsreif werden und die Mutterschafe bespringen könnten. Die Schafspubertät scheint sich aber auch anders auszuwirken – die jungen Böcke haben einen verstärkten Fluchtdrang. In den letzten Wochen waren sie fast jeden Tag außerhalb ihrer Weide anzutreffen, und irgendwann lief die Situation aus dem Ruder. Kaum hatte ich ihnen den Rücken gekehrt, suchten sie das Weite. Ich musste herausfinden, wie sie es anstellten. Heute trieb ich mich unauffällig in der Nähe der Herde herum, ohne ihre Aufmerksamkeit auf mich zu ziehen. Schon bald konnte ich beobachten, dass es immer dieselben zwei oder drei waren, die die Initiative ergriffen und über den Zaun sprangen. Meine spontane Lösung bestand darin, die Anstifter bei den Hörnern zu packen und in die Rundscheune zu treiben. Dort können sie jetzt ein paar Tage über ihre Sünden nachdenken. Seither sind die anderen tatsächlich nicht mehr ausgebüxt, jedenfalls noch nicht.

19. August

Heute waren die Schafe gut drauf. Ich brachte einen der Ausreißer von der Rundscheune zurück auf die Weide, um zu sehen, ob er inzwischen reuig war. Er türmte sofort. Ich trug ihn wieder in die Scheune und holte einen anderen. Erst der Dritte blieb brav bei der Herde. Die beiden Ausreißer, die ich wieder in die Scheune zurückbrachte, werden vermutlich nie zur Vernunft kommen, und wir können unser Winterfutter nicht verschwenden. Sie müssen geschlachtet werden.

20. August

Ich ging zu den Wilden in die Scheune. Sie blickten mich trotzig an. Ihr werdet geschlachtet, dachte ich und gab ihnen Heu. Dann sah ich nach den anderen. Auf der Waldweide gibt es viele Disteln. Ich lockte die übrigen Böcke mit Kraftfutter herbei. Bestimmt lernen sie bald, dem Eimer zu folgen, dann wird es leichter, sie an einen anderen Ort zu bringen. Danach bastelte ich ein wenig an der kleinen Weide neben der Scheune herum. Es war eher eine Instandhaltung als eine Verbesserung. Wie wenn man in der Mitte des Lebens angekommen ist – man bewegt sich nur noch im Krebsgang und nicht mehr vorwärts. Ich habe die Pforte zur Waldweide geöffnet, damit die Mutterschafe auf beiden Seiten grasen können.

23. August

Jetzt nehmen auch die Mutterschafe Reißaus. Heute Morgen waren sie draußen unterwegs. Immerhin lassen sie sich leicht einfangen. Sie wissen, wie sie hinausgekommen sind, und wenn man sie zurücktreibt, schlüpfen sie wieder durch dasselbe Loch im Zaun. Es ist, als würden sie die Weide eigentlich als ihr Zuhause betrachten, könnten aber nicht an sich halten, sobald sie einen Fluchtweg sehen. Man kann sie verstehen. Vielleicht ist dieses Bedürfnis nur … menschlich?

24. August

Auch heute sind die Mutterschafe brav zurückgekehrt, diesmal durch ein kleineres Loch. Ich habe versucht, den Elektrozaun, den wir hinter dem Schafnetz gespannt haben, auch auf der Waldweide zum Laufen zu bringen, mit eher mäßigem Erfolg. Dann habe ich sie auf eine andere Weide gebracht und dort den Zaun eingeschaltet. Das funktionierte besser. In unserem allerersten Jahr mit den Schafen kam ein Mann auf den Hof und hat einigen von uns das Scheren beigebracht und viele andere nützliche Kleinigkeiten. Wir fragten ihn, ob sich die Schafe irgendwann ans Scheren gewöhnen würden, aber er sagte, Schafe hätten nur drei Sachen im Kopf: fressen, vögeln und Löcher im Zaun. Alles andere nähmen sie, wie es komme. Alle Mutterschafe hatten dasselbe kleine Loch gefunden, und alle nahmen denselben Weg zurück.

25. August

Vielleicht reißen die Schafe aus, weil sie sich instinktiv von einem Gebiet ins nächste bewegen wollen. Eine Herde sollte idealerweise zwischen verschiedenen Parzellen wechseln. Durch diesen Umtrieb wird die Weide besser genutzt, weil das Gras nirgends zu hoch wachsen kann. Die Schafe, so besagt eine alte Bauernregel, sollten nicht mehr als einmal hören, wie die Kirchenglocken das Wochenende einläuten, ehe sie wieder die Weide wechseln.

28. August

Eine der neuen Hofbewohnerinnen hat angefangen, sich mit den Schafen zu beschäftigen. In unserem Gruppenchat schrieb sie: »Der Anführer der Böcke frisst mir Erbsen aus der Hand und hat an meinem Gesicht geschnuppert. Ich will ihn nicht schlachten, können wir ihn nicht für die Zucht nehmen?« Ich antwortete: »Ich wusste, dass es so kommen würde! Du hast echte Gefühle für sie entwickelt. Und Gefühle machen Probleme, in der Schafhaltung wie im Leben. Außerdem können wir den Sohn und Neffen der Mutterschafe nicht zum Zuchtbock machen. Seine Nachkommen werden schielen und einen niedrigen IQ haben. Das heißt, einen noch niedrigeren.« Im selben Chat schrieb sie zuvor (und das ist ein ziemlich starkes Stück): »Heute hat sich für die geschlachteten Wilden ein Kreis geschlossen. Wir haben mit einem Glas Blaubeerwein vorgeglüht und sie dann aus dem Vorratskeller geholt und im Mostraum ihr Fleisch zerlegt. Am Ende hatten wir zwei Luxusfilets, acht Braten und vier Kronen, den Rest haben wir zu Hackfleisch verarbeitet. Anschließend habe ich das Luxusfilet zubereitet, habe Rosmarin und Knoblauch im Mörser zerstoßen und es zärtlich damit eingerieben. Es war mit das Köstlichste, was ich je gegessen habe. Ein beinahe religiöses Erlebnis.«

30. August

Heute habe ich kaum Zeit mit meinen kleinen Wolligen verbracht. Aber ich denke an sie. Ich habe nachgesehen, ob die Mutterschafe genug Wasser haben. Bin sogar hineingegangen und habe mich in die Herde gestellt, um sie ein bisschen an die menschliche Nähe zu gewöhnen, unsere Beziehung zu pflegen. Vertrauen kommt nicht von ungefähr, bei Menschen wie bei Schafen.

31. August

Neue SMS: »Ich liege im Bett und höre den Schafen zu, sie brüllen, sie grasen vor meinem Schlafzimmer. Warum machen sie so einen Lärm? Gestern habe ich Messer aus dem Katalog ausgewählt. Werde heute eine Bestellung aufgeben.« Das ist Liebe und Blutrünstigkeit in einem Atemzug.

4. September

Noch ein ereignisloser Tag unter Schafen. Man sieht nach ihnen und fängt an, über andere Sachen nachzudenken. Ein bisschen wie in Brokeback Mountain.

5. September

Allmählich verstehe ich etwas mehr von der Psychologie der Landwirtschaft. Ich betrachte das Wetter oder die Farben oder andere Merkmale in der Umgebung nicht mehr als ästhetische Phänomene. Es gibt kein gutes oder schlechtes Wetter, sondern nur praktische Voraussetzungen. Kalt und klar – kontrolliere, ob das Wasser einfriert. Windig – sorge dafür, dass das große Tor gut in der Wand verankert ist. Regen – trage vernünftige Kleidung. Das Laub färbt sich gelb – vielleicht schon Zeit für das Winterfutter. Aber all dem wohnt ja auch eine Schönheit inne.

9. September

Heute haben mich die Mutterschafe auf dem Platz vor dem Hof empfangen. Nett von ihnen, aber auch etwas ungelegen. Ich habe sie zurückgetrieben und den Zaun ausgebessert.

15. September

Ich bin krank. Wären die Schafe heute durch den Zaun geschlüpft, hätten sie das Weite suchen können. Habe das Wasser kontrolliert.

17. September

Eigentlich lag ich gestern den ganzen Tag im Bett. Meine Frau war der Meinung, ich solle mich auskurieren, aber ich habe mich heimlich davongeschlichen und ein Stück Zaun gezogen, um die Lücke zwischen der Scheune und dem Gatter zu schließen. Ich habe vergebens versucht, die Böcke umzutreiben, und den Mutterschafen Wasser gegeben.

21. September

Der Virus ist hartnäckig. Die Böcke wollen dem Eimer nicht folgen. Ich bin zu schwach, um weiter den Zaun zu ziehen, der fertig werden muss, ehe die Mutterschafe in die Scheune gehen können. Immerhin habe ich ihnen Wasser gegeben. Und dann ist da noch ein Loch im Zaun der Gartenweide, das ich flicken musste.

22. September

Ich habe eine Lungenentzündung. Ich konnte die Mutterschafe nur aus der Ferne sehen. Und ich bete für die Böcke.

26. September

Wieder auf den Beinen, mehr oder weniger. Habe morgens nach den Böcken gesehen. Es geht ihnen gut. Den Mutterschafen auch. Die Böcke haben noch einen Salzstein, die Mutterschafe brauchen einen neuen.

27. September

Der Zustand der Weide wird schlechter. Jetzt würden wir von einer guten Wechselbeweidung profitieren. Wäre es mir gelungen, die Schafe den ganzen Sommer über in regelmäßigen Abständen auf ein neues Teilstück zu treiben, hätten sie mehr zu fressen übrig. Der Plan dafür existiert längst. Ich habe die Weiden aufgeteilt. Hinter der Scheune liegen zwei Hektar Weideland, das in drei unterschiedliche Parzellen unterteilt ist. Außerdem haben wir verschiedene kleinere Flächen um den Garten herum und im Gehölz zur Straße hin, die weitere zwei Hektar ausmachen. Der Herdenumtrieb verlief aber nicht in geregelten Bahnen, meistens beschränkte er sich darauf, eine Weide mit einem intakten Zaun zu finden. Es gibt eine Faustregel dafür, wie viel Weideland man braucht. Für fünf Mutterschafe einen Hektar, so in der Art. Ich weiß es nicht mehr genau, die Zahl kommt mir verkehrt vor. Momentan haben wir genug Land, das weiß ich.

1. Oktober

Ohne Maschinen und fossile Brennstoffe wäre es furchtbar aufwendig, Schafe zu halten, vielleicht sogar unmöglich. Doch wenn – beziehungsweise sobald – die fossilen Brennstoffe eines Tages ausgehen, werden die Schafe damit wohl besser zurechtkommen als ihre Hirten. Ich habe über einen längeren Zeitraum versucht, ein paar Zaunpfähle im Boden festzumachen. Es gibt ein kurzes Stück Gelände, das sehr steinig und hart ist, vermutlich wurde hier einmal Makadam verlegt, um den Traktorrädern besseren Halt zu geben. Typisch, dass die Schafe genau hier ausbüxen, wo die Pfähle wackeln. Es war vollkommen unmöglich, sie mehr als ein paar Dezimeter tief in die Erde zu treiben, aber heute bin ich plötzlich auf eine Lösung gekommen. Ich habe den Traktor genommen und die Palettengabel in die Erde gebohrt. Dabei sind tiefe Löcher entstanden, und die Pfähle sitzen nun bombenfest.

2. Oktober

Ich bin mit dem Zaun neben der Scheune fertig geworden und musste ein paar Freudenschreie ausstoßen. Es ist so schön, etwas vollendet zu haben. Hoffentlich hat mich kein echter Bauer gehört. Hoffentlich hat niemand mich gehört. Wobei, die Mutterschafe hätten mich schon hören dürfen. Sie könnten einen Denkanstoß vertragen. Es geht ihnen gut, das ja, aber es muss doch langweilig sein, immer nur durch die Gegend zu trotten. Was für eine Vorstellung, nichts als die eigenen Grundbedürfnisse im Kopf zu haben. Bin ich hungrig oder durstig? Friere ich? Man würde ja verrückt werden. Oder vollkommen ruhig.

3. Oktober

Habe nach den Böcken gesehen und die Tür zur Scheune geöffnet, wo die Selbsttränke steht. Die Mutterschafe habe ich auf die Gartenweide getrieben. Auch das Gatter zum Waldstück steht offen. Am Rand, zum Feld hin, wächst viel Klee. Ich hoffe, die jüngeren Schafe fressen sich ein bisschen Speck auf die Rippen.

10. Oktober

Heute hat mich ein Spanier auf die Weide begleitet. Er redete ununterbrochen, die Mutterschafe beäugten ihn mit versteinerter Miene. Später habe ich im Schlachtraum einen Flaschenzug an die Decke montiert.

11. Oktober

Das Scheren am Vormittag verlief reibungslos. Zum ersten Mal habe ich das Gefühl, die ganze Prozedur unter Kontrolle zu haben. Das hat Zeit gekostet, und Schweiß und Blut. Doch es hat sich gelohnt. Vor allem die Mutterschafe mussten bluten, aber dieses Jahr habe ich kaum Schaden angerichtet.

19. Oktober

Den Mutterschafen geht es gut. Sie waren wieder einmal getürmt und hatten eine kleine Runde auf dem benachbarten Weizenfeld mit der frischen Herbstsaat gedreht. Ich ließ sie eine Weile gewähren. Neue Weizenkeime sollen aus irgendeinem Grund gesund sein. Im ersten Jahr fragte ich den Bauern, dem das Feld gehört, ob das Abgrasen der jungen Keime und die Hinterlassenschaften der Schafe die Ernte beeinträchtigen würden. Ganz im Gegenteil, antwortete er mit einem schiefen Grinsen.

2. November

Als die Mutterschafe heute aufwachten (falls sie überhaupt geschlafen hatten), waren ihre Weiden schneebedeckt. Sie lagen in der Scheune. Die hatte ich gestern geöffnet und ihnen Heu gegeben. Das Winterfutter besteht hauptsächlich aus Silage, die wir von den echten Bauern zukaufen, einen Teil produzieren wir aber auch selbst. Wir mähen das Gras mit der Sense und trocknen es auf einem Holzgestell, das man mit etwas gutem Willen als Harpfe bezeichnen könnte. Viel Arbeit, wenig Futter, aber es kann ja nicht immer alles, was wir im Leben machen, zu hundert Prozent effektiv sein. Es ist jedenfalls ein ganz besonderes Gefühl, den Schafen dieses kleine Heubüschel zu geben, wenn der erste Schnee gefallen ist. Als würde man ihnen sagen: Das haben wir schon vor mehreren Monaten eingeholt und für einen solchen Moment aufgehoben, wenn es kalt und windig und verschneit ist und auf der Weide kein Gras mehr wächst. Ihr hättet das nicht allein gekonnt. Ich weiß nicht, ob ich in den Blicken der Schafe Dankbarkeit sehe oder eher eine sehr zurückhaltende Verwunderung: Ach, wir wollten uns gerade zum Sterben hinlegen, aber da ist ja Heu.

3. November

Ich schrieb den anderen eine SMS: »Habe mir heute zwei Böcke angesehen, von der Rasse Gute. Ideale Größe, schöne Farben, Hörner. Sie gefallen mir. Habe die Wahl zwischen Affe und Brolle. Beide sind hell, ein bisschen gescheckt. Was meint ihr? Es wird Zeit zum Decken. Am besten noch diese Woche. Für die Schafe, meine ich.«

5. November

Die Wahl fiel auf Brolle. Er lebte bei einem älteren Ehepaar in der näheren Umgebung. Sie haben etwa ein Dutzend Mutterschafe. Schafhalter mit kleinen Herden neigen dazu, ihren Böcken etwas bemühte Namen zu geben. Ein Mann, bei dem wir Schafe kauften, benannte sie nach bekannten Feministen. Wir nahmen den Staranwalt Claes Borgström unter die Lupe, entschieden uns am Ende jedoch für Phantomas (der sich offenbar auch für Frauen einsetzt). Brolles Bauern waren nett. Sie zeigte uns Fotos von den Enkeln, er zeigte uns Fotos von den Schafen. Wir gingen akribisch unsere Verwandten und Bekannten durch, um allen Verbindungen zwischen uns auf die Spur zu kommen. Irgendetwas war mit einer Tante, ich habe es nicht richtig verstanden. So ist das auf dem Land. Wie bei Facebook, nur dass man sein Profil nie wieder löschen kann. Wir schoben Brolle in den Kofferraum. An Ort und Stelle, auf der Weide bei den weiblichen Schafen, verstand er sofort, was zu tun war. Ein kurzes Stupsen und Schnuppern, und mit einem Sprung war er bei der Sache. Ist das wirklich natürlich?

15. November

Heute habe ich ziemlich viel Zeit damit verbracht, das Stallbuch in Ordnung zu bringen. Es muss in tadellosem Zustand sein, weil bald die Proben für die Kontrolle auf das Maedi-Visna-Virus genommen werden. Wie ich feststellen musste, haben zwei Schafe dieselbe Nummer, 006. Wahrscheinlich ist das nicht weiter tragisch, wir können sie leicht auseinanderhalten, das eine ist grau und das andere grauer. Aber wie konnte es dazu kommen? Ich traue ihnen einiges zu, aber nicht, dass sie sich gegenseitig Ohrmarken verpassen.

16. November

Neben eigenem Heu bauen wir auf einem Flecken Land auch Futterpflanzen an. Wir beackern es nicht wie echte Bauern und düngen es auch nicht, sondern lassen dort einfach im Spätsommer die Schafe grasen. Eine Zeit lang habe ich gedacht, sie würden unsere Silage nicht mögen, doch heute haben sie eifrig und konzentriert gefressen. Gestern waren sie eine Weile im Garten unterwegs. Ein Pfahl im gerade erst neu reparierten Teil des Zauns war umgefallen. Es ist, als wolle er sich selbst aus dem Boden stemmen. Ich habe einen Stein in das Loch geklopft, um ihn damit festzukeilen. Wir werden sehen. Ein echter Bauer würde … Wenn ich nur wüsste, was ein echter Bauer tun würde.

18. November

Manche glauben, das Leben auf dem Land wäre einsam. Aber ich habe ja die Schafe. Ob eine Gemeinschaft sozial ist oder nicht, beruht wohl nicht unbedingt auf der Menge der Begegnungen. Vielmehr hängt sie vom Charakter der Menschen ab, die man trifft, ob man sich mit ihnen identifizieren möchte und umgekehrt; ob wir uns ineinander spiegeln können. Das soziale Leben in Stadt und Land unterscheidet sich gar nicht so sehr. Wobei wir natürlich die Schafe haben.

20. November

Ich stehe in der Tür und schaue hinaus. Der Schnee ist wieder geschmolzen, und es ist immer noch ein bisschen grün da draußen. Mir wird klar, dass wir ein gutes System haben, obwohl wir das gar nicht von Anfang an geplant hatten. Die Rundscheune, in der die Schafe im Winter Schutz suchen können und gefüttert werden, schließt an die größte Weide an. Das Tor steht fast immer offen, so können sie selbst entscheiden, wann sie mehr vom Winterfutter fressen wollen. Das ist raffiniert, schließlich weiß niemand besser, wann die Weide abgegrast ist, als die Schafe selbst.

24. November

Gestern habe ich das Wasser auf einer der Sommerweiden abgestellt, damit die Pumpe nicht einfriert. Ich muss daran denken, dasselbe auch drüben am Bach und in der Scheune zu erledigen, bevor die Temperaturen noch weiter unter den Gefrierpunkt sinken.

2. Dezember

Manchmal, heute zum Beispiel, bekommt man die Silage kaum aus dem Eimer heraus. Irgendwie verfilzt das Gras zu einem Klumpen. Ich ziehe und zerre, bis ich schwitze. Und wütend werde. Eigentlich wollten wir hier auf dem Hof gemeinschaftlich arbeiten, aber das gilt offenbar nicht für jeden. Ich bin der Einzige, der arbeitet, denke ich mürrisch. Normalerweise rege ich mich nicht so schnell auf, aber wenn ich so schuften muss, dass ich ganz außer Atem bin, steigt ein unerwarteter Zorn in mir auf. Das ist reinigend.

12. Dezember

In letzter Zeit hatte ich weniger Kontakt zu den Schafen. Ich gehe in die Rundscheune, trete ein bisschen mit dem Fuß gegen die Silage, schaue durch die Tür hinaus. Meistens sind sie draußen und suchen nach Gras. Eigentlich dürften sie so spät im Jahr nichts mehr finden, aber die letzten Büschel des Futterballens halten sich lange. Ich frage mich, ob sie bei meinem Anblick blöken, weil sie mehr Futter haben wollen. Wobei sie den Gedanken »ich möchte mehr Futter, gib es mir« bestimmt gar nicht in Gänze verarbeiten können. Vielleicht hat sich in den letzten Jahrhunderten aber doch der Instinkt weitervererbt, mit den Menschen zu kommunizieren. Jetzt blöken sie mehr. Ich lasse heute Nacht das Licht brennen, damit sie vielleicht hineingehen, wenn es draußen dunkel wird, und, sozusagen gedankenlos, die letzte Silage fressen.

13. Dezember

Neuer Silage-Ballen. Der letzte reichte fast drei Wochen. Vorher hatte ich ziemlich viel Ärger mit dem Traktor. Ich habe eigenhändig den Kühler gewechselt. Es wäre nützlich, das zu lernen, dachte ich. Aber bestimmt habe ich es vergessen, bis der Kühler das nächste Mal kaputtgeht. Als ich den Ballen hereinbringen wollte, habe ich versehentlich das Boxenpanel mit dem Traktor eingedrückt und muss es demnächst wieder ausbeulen. Keine große Sache, aber ich habe das Gefühl, wir bräuchten ein neues System, das besser auf unsere geringe Größe abgestimmt ist, kleinere Ballen zum Beispiel. Eines meiner Kinder war beim Füttern dabei und hat sich mit Brolle angefreundet. Im Laufe der letzten Woche sind die Schafe weniger zahm geworden. Es macht sich sofort bemerkbar, dass ich mir nicht die Zeit genommen habe, auf die Weide zu gehen, und nur ein ferner Beobachter war.

16. Dezember

Dieser Tage wurde mit dem Lastwagen neues Schafnetz geliefert. Es juckte mir sofort in den Fingern, einen neuen Zaun zu ziehen.

17. Dezember

Kurzer Besuch bei den Schafen. Ich werkelte in der Rundscheune. Da kamen sie angetrottet, zerstreut blökend. Ich ging zu ihnen und stocherte in der Silage, damit sie leichter etwas herauszupfen können. Sie sahen mich ungläubig an, ich dachte: Wir haben eine Verbindung. Inzwischen gehen sie nicht mehr auf Sams Weide, sind aber ziemlich oft auf der Waldweide. Ich frage mich, ob sie aus reiner Gewohnheit grasen oder die frostgeschädigten Grashalme tatsächlich der Silage vorziehen. Eines der Schafe benimmt sich komisch. Bewegt sich nur langsam, scheint aber keine Schmerzen zu haben. Eine Depression?

18. Dezember

Ich habe mit der Tierärztin gesprochen. Sie sagte, ich könne noch abwarten. Wenn das Mutterschaf allerdings über einen längeren Zeitraum eine erhöhte Temperatur habe, müsse es notgeschlachtet werden. Jetzt muss ich Fieber messen.

18. Dezember (abends)

Sie hat 39,5, was bei Schafen wohl normal ist. Sie frisst Heu und Kraftfutter, liegt aber nur herum. Ich wage nicht richtig daran zu glauben, dass sie überlebt. Wir müssen sehen.

20. Dezember

Neue Silage. Diesmal ging es schnell. Gute Technik mit dem Traktor gefunden. Wieder versehentlich das Panel gerammt. Es knackte, hielt aber stand. Brolle ist oft als Erster da. Ich glaube aber nicht, dass er das Leittier ist. Er ist einfach nur der Dümmste, derjenige, den die anderen in einer brenzligen Situation vorschicken. Die Psyche der Böcke ist interessant. Oder vielleicht sollte man eher sagen, dass die Begegnung zwischen der Psyche des Menschen und der Schafspsyche interessant ist. Sind sie allein in einer Herde mit Mutterschafen, so wie Brolle jetzt, ist der Bock immer ganz vorn, kommt herbei und schnuppert, und wenn man die Herde vor sich hertreibt, läuft er gern hinterher und lässt sich am Rücken und unter dem Hals kraulen. Es ist leicht, eine Beziehung zu ihm aufzubauen, mit ihm zu schmusen, ihn dazu zu bringen, bei Fuß zu gehen und sogar zu kommen, wenn man ihn ruft. Mit etwas Geduld kann ein Bock so zutraulich wie ein Hund werden. Jedenfalls eine Zeit lang. Es gibt unzählige Geschichten darüber, wie sich Halter mit kleinen Schafherden ihren Böcken annähern und über sie sprechen wie über die eigenen Kinder, um nach einer Weile traurig festzustellen, dass sie sie verkaufen oder schlachten müssen. Denn es kommt immer ein Wendepunkt, an dem der Bock nicht länger mit der Intimität umgehen kann und seine Hörner einsetzt. Irgendwer hat gesagt, das liege daran, dass Böcke nicht richtig zwischen Freundschaft und Rivalität unterscheiden könnten, für sie scheint das ein und dasselbe zu sein. So habe ich es mit unserem ersten Bock, Phantomas, erlebt. Wir schmusten wie Frischverliebte, bis er eines Tages hart und entschieden seinen Kopf gegen mein Bein stieß. Ich bekam den gut gemeinten, aber falschen Rat, ich solle ihn zu Boden ringen und auf den Rücken werfen, um ihm seinen Platz in der Hierarchie zu zeigen. Was zur Erkenntnis führte, dass ein Bock anscheinend nur zwei Daseinszustände kennt – Herr im Haus oder Krähenfutter. Phantomas schien jedoch mehrere Monate lang zu akzeptieren, dass er mein untertäniger Kumpel war. Dann rammte er mich erneut. Und ich rang ihn wieder zu Boden. Nach drei Tagen versetzte er mir einen neuen Stoß. Ich wiederholte die Prozedur, und es half – für 30 Sekunden. Zwischen uns war es aus. Wir waren keine Freunde mehr. Ich hielt mich fern. Es wurde anstrengend, mich um die Herde zu kümmern. Das klingt bestimmt gemein, aber ich war erleichtert, als wir ihn schlachteten. Und es scheint, als hätte irgendetwas oder irgendwer – die Evolution, der Schafgott, der Zufall oder irgendetwas anderes – das genau so eingerichtet. Würden sich die Böcke nicht früher oder später danebenbenehmen, könnten wir sie nicht schlachten. Und dann hätten wir sie vielleicht gar nicht erst in unsere Obhut genommen.

22. Dezember

Das kranke Mutterschaf scheint über den Berg zu sein, es grast mit den anderen. Es ist die 195. Diese Nummern mögen vielleicht unpersönlich klingen, scheinen aber trotzdem angemessen. Die Schafe sind in erster Linie eine Herde und keine Individuen. Nur die Zuchtböcke haben richtige Namen. Nicht weil man größeren Respekt vor ihnen hätte, sondern weil sie vorübergehend eine individuelle Aufgabe übernehmen.

28. Dezember

Jetzt beginnt für den Schäfer wieder die Winterroutine. Es ist jedes Jahr dasselbe. Das Wasser gefriert. Ich gehe mit dem Wasserkocher hinaus. Leider konnte ich das Wasser heute nicht wieder zum Laufen bringen. Es sind minus 20 Grad, und das Wasser im Schlauch gefriert. Heute Abend muss ich eine Wanne rausstellen. Vielleicht wird es auch Zeit für einen neuen Heuballen.

6. Januar

Neuer Heuballen in der Box, um darauf zu liegen und davon zu fressen. Den Magen zu füllen. Ich habe den alten Zaun abgerissen, und währenddessen hat mir der echte Bauer einen kleinen Vortrag darüber gehalten, was man alles bei der Ernte der Futterpflanzen beachten muss. Er hat Milchkühe und braucht ein nährstoffreiches Futter. Unsere »Produktion« findet hauptsächlich im Sommerhalbjahr statt, wenn die Lämmer wachsen, die sich nur vom natürlichen Futter auf der Weide ernähren. Im Winter sind die Mutterschafe trächtig, weshalb wir uns vielleicht mehr Gedanken über unser Winterfutter machen sollten. Momentan begnügen wir uns nur damit, sie satt zu kriegen. Sich anzulesen, wie man es am besten macht, ist gar nicht so leicht, weil die Entscheidung davon abhängt, ob man mehr oder so billig wie möglich produzieren möchte. Es gibt keine klare Empfehlung, man muss selbst Stellung beziehen. Ich habe den Schafen einen neuen Silageballen gegeben. Der erste hat nur zehn Tage gereicht, die Schafe allerdings auch durch die schlimmste Kälte gebracht, und sie hatten keine Halme, an denen sie zusätzlich knabbern konnten.

8. Januar

Gestern Zaunarbeiten. Eigentlich ist das nicht die richtige Jahreszeit, sozusagen das falsche Kapitel des Bauernkalenders. Aber wir sind auch nicht sonderlich traditionell. Die Schafe hatten Angst vor der Rolle mit dem Schafnetz. Sie beäugten es nervös und machten einen weiten Bogen darum. Die neue Silage ist ganz anders, weich und vermutlich nährstoffreicher. Sie fressen mit gutem Appetit. Ich habe auch die Säge repariert, mit der man die Spitzen der Zaunpfähle absägt. Eine ganz schöne Fummelei. Außerdem habe ich den kleinen Zaunabschnitt, an dem wir es nur mit Elektrodraht und ohne Schafnetz probieren wollen, an den Strom angeschlossen. Das hat perfekt funktioniert. Es war zwar ein ziemlicher Aufwand, das Aggregat im weißen Stall anzuschließen, scheint sich aber langfristig als gute Lösung zu erweisen.

12. Januar

Sie fressen von dem vermutlich proteinreicheren Futter, verschmähen jedoch die Halme. Jetzt bleibt der Schnee liegen, was die Zaunarbeiten erschwert. Ich habe den Rest der Schafnetzrolle neben dem Giebel des roten Stalls abgelegt. Das nächste Projekt wird die Strecke bis zum Gewächshaus. Neben der Hütte am Wald hat ein Sturm Teile einer großen Eiche zu Boden gerissen. Daraus lassen sich viele schöne Pfähle machen.

15. Januar

Heute habe ich einige der Mutterschafe abgetastet. Die weißen Mischrassen sind gut im Futter und gesund, wenn man über der Hüfte nachfühlt, spürt man fast keine Knochen. Brolle ist etwas schmaler und die 195 geradezu mager. Nicht gut, aber immer noch besser als notgeschlachtet zu werden. Nach und nach werde ich versuchen, den Zustand aller zu überprüfen. Vielleicht kann ich individuell etwas hinzufüttern. Das ging noch leicht, als die 195 einsam in der Scheune lag und die anderen draußen unterwegs waren. Wenn ich ihnen jetzt Kraftfutter gäbe, würden es die Stärksten wegfressen.

16. Januar

Weitere Muttertiere abgetastet. Die Helsingeschafe sind etwas magerer als die Mischrassen. Inzwischen habe ich für eine ordentliche Beleuchtung in der Rundscheune gesorgt. Eine Verbesserung, für mich und die Schafe. Ich bin erst gegen fünf am Nachmittag hingegangen. Draußen war es dunkel, und alle waren drinnen. Ich habe aber nur neunzehn gesehen, obwohl es zweiundzwanzig sein müssten.

17. Januar

Noch ein paar Mutterschafe abgetastet. Sie waren schön fett, genau richtig.

18. Januar

Neuer Heuballen. Die Schafe wirkten hungrig und warteten vor der Raufe, wo der Ballen liegen sollte. Ich beförderte ihn ganz ohne Zwischenfälle an seinen Platz. Wichtige Einsichten: sich Zeit nehmen, aus Erfahrungen lernen, denselben Vorgang kontinuierlich und konsequent wiederholen. Kurz gesagt: ein echter Bauer werden. Oder einfach nur alles ordentlich machen.

26. Januar

Die Schafe scheinen sich im Schnee wohlzufühlen. Sie halten sich in der Nähe der Rundscheune auf, sind aber genauso gern draußen wie drinnen. Ein seltenes Mal habe ich sie in Richtung Gehölz ziehen sehen. Wenn ich da bin, kommen sie in die Scheune. Ich glaube, sie ziehen sich das Beste aus der Silage heraus, deshalb wollen alle zuerst vor Ort sein, wenn ich ihnen einen neuen Ballen gebe. Einige Mutterschafe stehen immer am hintersten Ende der Herde und scheinen als Letzte ans Futter zu gelangen. Eigentlich dachte ich, der Platz wäre ausreichend, damit alle zweiundzwanzig auf einmal fressen können, aber sie lassen sich nicht gegenseitig vor. Fünf von ihnen können die ganze Raufe blockieren.

1. Februar

Jetzt habe ich den Zustand aller ertastet. Vier oder fünf sind vielleicht ein bisschen zu mager, darunter auch die 195. Ich werde die Kontrolle in zwei Wochen wiederholen, und wenn sich ihr Zustand bis dahin nicht verbessert hat, müssen wir ihnen irgendwie helfen.

2. Februar

Ich frage mich, wie es anderen Tierhaltern wohl ergehen mag. Ich knüpfe keine so enge Beziehung zu den einzelnen Schafen wie beispielsweise Hundebesitzer. Dafür bin ich untrennbar mit dem ganzen Ablauf der Schafhaltung verbunden. Ich setze mir keine Termine oder nehme mir vor, bestimmte Dinge zu erledigen – ich tue es einfach. Die Schafhaltung erfordert eine Gegenwart und Kontinuität, die dafür sorgt, dass sie zu mehr als nur einem Hobby wird. Ich bin gezwungen, jeden Tag im Jahr in irgendeiner Weise auf die Schafe zu reagieren, und trage praktisch rund um die Uhr die Verantwortung für sie. Das ist eine große Verpflichtung, und man weiß nie genau, was man im Gegenzug bekommt. Fleisch? Wolle? Eigentlich ist die Verpflichtung selbst die Belohnung. Man braucht nicht zu überlegen, ob man ein erfülltes Leben hat, wenn der Lebensinhalt zweihundert Meter entfernt auf der Weide steht und wiederkäut, vollkommen blind für solche Überlegungen.

6. Februar

Ich besitze eine kleine Schatzkiste mit alten Rohrteilen. Jeder echte Klempner würde sie als Schrott abtun, aber für mich sind sie oft die Problemlösung. Ich habe nie genau das Teil, was ich brauche, sondern muss an dem, was ich habe, sägen und schrauben. Die Tränke leckt, eine Muffe muss ausgetauscht werden. Ich habe keine und nehme stattdessen ein seltsames, gebogenes Rohrstück, das aussieht, als hätte es zu einer Restaurantküche gehört. Passt wunderbar.

9. Februar

Ich lese vom Klimawandel und den düsteren Lebensperspektiven auf diesem Planeten. Was wäre, wenn dies das Ende ist? Vielleicht machen sich auch Schafe darüber Gedanken. Ich halte das Leben mit ihnen für nachhaltig. In früheren Zeiten brauchte man nur die Schafe und hatte Essen, Wärme, Kleidung, Spielsachen. Jetzt kaufen wir fast alles aus China.

11. Februar

Ich habe nicht viel mit den Schafen zu tun. Stattdessen grüble ich oft. Vergangenes Jahr habe ich sie in den letzten Winterwochen ganz in die Scheune gesperrt, ehe ich sie wieder auf die Weide ließ, um das Gras nicht zu sehr zu beanspruchen. Aufstallen nennt man das. In diesem Jahr bin ich mir nicht sicher.

16. Februar

Am Samstag habe ich die Schafe erneut abgetastet. Die vier Mageren haben ein bisschen zugenommen. Nur die 195 war immer noch rappeldürr. Dass sich die anderen wieder erholt haben, kann mehrere Gründe haben. Vielleicht hat es mit den Silageballen zu tun, weil die letzten beiden proteinhaltiger waren, vielleicht liegt es daran, dass ich das Futter besser verteilt und jeden Tag ein Büschel davon in die Mitte der Box gelegt habe. So muss keines hinten anstehen und darauf warten, endlich etwas fressen zu dürfen.

17. Februar

Ich habe eine Weile unter der Decke der Scheune gearbeitet und konnte die Herde von oben beobachten. Sie stehen beim Futter und knuffen sich leicht. Brolle rammt ein Mutterschaf. Der Umgang mit ihnen ist so unkompliziert. Ich brauche nicht darüber nachzudenken, wie unsere Zusammenarbeit verläuft oder welche inneren Beweggründe sie haben. Sie brauchen keine Kick-Offs oder Personalentwicklungsgespräche. Sie tun ja sowieso fast nichts, es sei denn, Wiederkäuen ist eine Tätigkeit.

2. März

Plötzlich fressen sie eine ganze Menge. Die Kinder haben eine Weile mit ihnen gespielt. Gestern waren sie zweimal auf der Flucht. Wobei »auf der Flucht sein« viel zu dramatisch klingt. Sie standen einfach nur da und glotzten und hatten offensichtlich kein bestimmtes Ziel. Beim ersten Mal hat einer der Border Collies sie eingekreist und zurückgetrieben. Nicht auf Befehl, er hat die Aufgabe spontan übernommen, ohne groß nachzudenken. Das zweite Mal habe ich sie selbst zurückgetrieben, zaudernd und besorgt – wo waren sie hinausgeschlüpft? Jetzt muss ich schon wieder den Zaun reparieren …

5. März

Ich denke über die Gemeinschaft mit den Schafen nach. Im Grunde passiert nichts Großes. Ein paar Minuten am Tag stehen wir da und glotzen einander an. Sich um diese Lebewesen zu kümmern, beinhaltet aber mehr als die Beziehung zum einzelnen Individuum. Sie sind in meiner Obhut, und das äußert sich nur teilweise im gegenseitigen Anglotzen. Ein Großteil der Versorgung geschieht ohne die Anwesenheit der Versorgten – Zaun, Winterfutter, Dünger, Wasser. Schafe sollen schon seit über 11 000 Jahren domestiziert sein. Wir sehen einander an, die Schafe und ich, und sehen in einen tiefen Brunnen aus Erfahrungen, Problemen, Möglichkeiten, Sorgen und Freuden – das Leben in all seinen Dimensionen und seiner unbegreiflich großen Ausdehnung in Zeit und Raum.

10. März

Die Klauen müssen geschnitten werden. Es gibt einen Haufen Fachliteratur zu diesem Thema. In Büchern und im Internet wird unerschöpflich darüber geschrieben, wie die Klauen gekürzt werden sollten. Allerdings ist die Klauenpflege ein ausgezeichnetes Beispiel für das, was irgendein Akademiker einmal als stilles Wissen bezeichnet hat (und darüber sind ganze Abhandlungen geschrieben worden). Ich weiß nicht genau, warum das Wissen still ist, vielleicht ist es vielmehr anspruchslos. Wer es kann, tut es einfach, wer es nicht kann, hat keine Ahnung. Jedenfalls ist es nicht schwer, den äußeren Teil einer Klaue zu kürzen. Wenn es möglicherweise schwer zu erklären ist, hängt das damit zusammen, dass man eine richtige Klaue in der Hand halten muss, um es zu lernen. All diese Bücher, Seiten und Abhandlungen wirken wie eine neurotische Kompensation der fehlenden Berührung. Ein anderer Schlüssel zum Wissen sind Fehler. Ich habe schon auf beiden Seiten des Klauenkürzens versagt. Der eine Fehler ist, sie gar nicht zu schneiden. Bis ich im Sommer sah, wie einige Mutterschafe humpelten. Die Klauen waren geradezu verwachsen. Sehr unschön, aber jetzt weiß ich genau, warum sie geschnitten werden müssen. Der andere Fehler besteht darin, zu viel zu schneiden. Einmal musste ein halber Klauenballen dran glauben. Das arme Schaf blutete und humpelte, aber die Verletzung verheilte wieder, und jetzt weiß ich genau, wo die Grenze zwischen Horn und Zehenballen verläuft.

10. April

Einige der Mamas – so nennen wir sie, wenn sie gerade gelammt haben – stoßen ihre Lämmer weg, sodass diese nicht säugen können. Manchmal müssen wir die Mamas mehrmals am Tag festhalten. Anfangs war ich furchtbar wütend auf sie, inzwischen habe ich mich damit abgefunden, dass es einfach nur Schafe sind. Man kann sich mit diesen Tieren nicht identifizieren. Sie sind ganz anders als wir.

12. April

Ich stehe auf der Weide und warte. Ein Mutterschaf hat gerade Lämmer bekommen. Wir haben uns dafür entschieden, sie auf der Weide lammen zu lassen. Dort können sie sich den Ort selbst aussuchen. In der Scheune kann es eng und unhygienisch sein. Sie schaffen das ganz allein. Manche Lämmer sterben, so will es die Natur, aber bisher hat noch kein Mutterschaf Probleme mit der eigentlichen Geburt gehabt. Die Mutter leckt das eine Lamm gründlich rein, das andere liegt ein Stück entfernt. (Unsere Schafe bekommen fast immer zwei Lämmer.) Ich glaube, dass das ein kritischer Moment ist, vielleicht entscheidet sie sich in diesem Moment gegen eines ihrer Kinder. Bald werde ich die Lämmer in eine abgetrennte Box in der Scheune tragen, wo das Stroh sauber und der Platz begrenzt ist. So bleibt es den Lämmern erspart, allzu weite Strecken hinter der Mutter herlaufen zu müssen. Aber ich möchte sie nicht zu früh wegtragen, dann könnte sich die Mutter vielleicht einbilden, es seien nicht ihre eigenen Lämmer. Man muss sich in der Nähe halten, ohne aufdringlich zu sein.

15. April

Die Kinder interessieren sich nicht sonderlich für die Winterfütterung und ähnliche Aufgaben, aber wenn die Lämmer kommen, kennen sie kein Halten mehr. Große Aufregung und Diskussionen, wer die Kleinen füttern darf und wie sie heißen sollen. Diese Namen verschwinden irgendwann wieder. Wenn es auf den Spätsommer zugeht, sehen die Lämmer nicht mehr aus wie Lämmer. Sie sind zu Schafen geworden. Die Böcke werden geschlachtet, einige Mutterschafe dürfen am Leben bleiben, um den Bestand zu erhalten. Zu dem Zeitpunkt haben die Kinder sowohl die Namen als auch die Schafe vergessen. So hat es die Natur eingerichtet.

17. April

Wir haben eine etwas fragwürdige Methode ausprobiert, um ein Mutterschaf dazu zu bringen, sein verstoßenes Lamm wieder anzunehmen. Sie hatte das eine säugen lassen und das andere weggedrängt. Also sperrten wir sie in einen engen Verschlag und hoben das Lamm heraus, das sie bevorzugte, damit sie sich mangels Alternative wieder um das vernachlässigte Lamm kümmern würde. Mit einem Mal war das andere bemitleidenswert. Ich nahm es mit ins Haus. Meine Tochter zog ihm eine Windel an und nahm es mit ins Bett. Auf den ersten Blick war das niedlich, für das Lamm aber sicher ein Albtraum. Ich brachte es schon nach kurzer Zeit wieder zurück.

7. Mai

Das Lammen verlief nicht besonders gut. Fast jedes dritte Lamm war nach der Geburt viel zu schwach, einige starben sogar. Es war schrecklich. Die Ursache könnte ein Virus gewesen sein, ein schlechter Silageballen oder – ein fürchterlicher Gedanke – dass sie zu wenig Mineralfutter bekommen hatten. Dann wäre es kein Pech, sondern mein Fehler; nicht der Lauf der Natur, sondern einzig und allein mein Fehler. Die Lammzeit dauert ungefähr einen Monat, und jetzt, wo das Ende absehbar ist, überwinde ich allmählich einen Zustand, der an eine Erschöpfungsdepression erinnert. Ich war nicht nur über den Tod einiger Tiere deprimiert und traurig, sondern hatte auch sonst eine anstrengende Zeit mit vielen Lämmern, die ich zusätzlich mit der Flasche füttern oder denen ich zu ihren Müttern helfen musste.

16. Mai

Es hat einen kleinen Kälteeinbruch gegeben. Heute Nacht waren es nur wenige Grad über null, und es regnete. Gegen Mitternacht ging ich hinaus. Inzwischen war nur noch ein Lamm übrig, das zusätzlich mit der Flasche gefüttert werden musste. Mit der Stirnlampe begab ich mich in die Herde. Die Schafe vertrauen mir, standen ruhig da und glotzten. Wo war das Kleine? Nicht bei seiner Mutter, ich erkannte sie an ihrer Ohrenmarke. Ich umrundete die ganze Herde – kein kleines Weißes. Unruhe. Ich summte einen Popsong, und die schwülstigen Zeilen über Liebe handelten plötzlich von mir und dem Lamm. Wo bist du? Ich brauche dich. Ich wusste nicht, dass ich dich so sehr vermissen würde. Können wir die Zeit zurückdrehen? Die Zeit ist ein Fluss. Hold back the river let me look in your eyes, hold back the river so I can stop for a minute and be by your side. Da liegt es. Aus seinem Hals rinnt Blut. Ein aasfressender Vogel hat schon an ihm gepickt.

1. Juni

Die Schafe scheinen von der Herde definiert zu werden. Ihr individueller Charakter wird von ihrer Rolle innerhalb der Gruppe bestimmt. Zum Beispiel ist es fast immer dasselbe Individuum, das die Löcher im Zaun auftut. Einige neigen eher dazu, sich selbst und die Herde zu verteidigen, andere bleiben immer in der Mitte, im Schutz der anderen. Ich glaube, dass sie auch unterschiedliche Aufgaben bei der Suche nach Futter haben. Es wirkt, als würden manche als Späher von der Gruppe losgeschickt. Es ist fast so, als könnte man die Herde als ein Wesen betrachten, und die einzelnen Individuen wären lediglich Aspekte davon. Vielleicht sehen die Schafe uns Menschen genauso.

14. Juni

Ich treffe mehr Menschen, als ich möchte und bräuchte, manchmal ist es geradezu hektisch. Deshalb werden meine Momente mit den Schafen zu Oasen der Stille, Kontemplation und Würde, vor allem, wenn ich mit ihnen allein bin. Selbst wenn ich um die Herde herumrennen und sie dazu antreiben muss, wieder über den Zaun zu springen, oder wenn ich einen großen Bock zu Boden ringe, um ihn zu scheren, wohnt diesem Dasein eine erhabene Ruhe inne. Ich glaube, es liegt daran, dass ich eine direkte Beziehung zu einem Lebewesen habe, das in seinen eigenen Bewegungen geradezu unbeirrbar ist. Das Verhalten und die Gewohnheiten der Schafe – seit Urzeiten weitergeführt –, das Gras, das wächst, der Regen, die Dürre, Kälte, Wärme, das Futter, der Kot – alles folgt seinem eigenen Kreislauf, ohne Rücksicht darauf, was ich darüber denke. Der Schäfer ist allein und hat doch immer Gesellschaft.

4. Juli

Eine Zeit lang hatten wir eine Facebookseite, um zu zeigen, dass es uns gibt und was wir auf dem Hof so machen. Wir bauen Gemüse für den eigenen Bedarf an, hacken Holz, halten ein paar Tiere und versuchen ohne verbissenen Ernst (Mäßigung ist eine Tugend), eine ökologisch nachhaltige Lebensweise zu entwickeln. Als Vertreter der Schafhaltung oder vielleicht sogar der Schafe selbst veröffentlichte ich folgenden Kommentar: »Die Schafe fressen nicht einfach das ganze Gras von der Weide, sie wählen bestimmte Halme und lassen andere stehen. Sie stopfen nicht unbedacht alles in sich hinein. Auf lange Sicht, vielleicht über einen Zeitraum von mehreren Jahren, verbessert sich so das Gras und damit auch das Leben der Schafe. Dank ihrer Zurückhaltung. Dagegen wird eine Art, die immer nur kurzfristige Bedürfnisse stillt, früher oder später untergehen.« Unter dem Text postete ich ein Bild, auf dem zu sehen war, wie sich die kanadische Landschaft durch die Ölsandgewinnung verändert. Eine wellige, grüne Wald-, See- und Wiesenlandschaft wird in eine schwarze Kieswüste verwandelt. Ich hielt das für eine sehr treffende, ja geradezu aufrüttelnde kleine Reflexion, erhielt aber nur wenige Likes und keinen einzigen Kommentar dafür. Dabei heißt es immer, man bekäme in den sozialen Medien Aufmerksamkeit und Bestätigung. Das gilt allem Anschein nach nicht für mich und die Schafe, es sei denn, wir liegen wiederkäuend im Morgennebel auf einem Fleckchen Gras und tun so, als wäre die Welt in Ordnung, als hinge nichts miteinander zusammen. Vielleicht muss man sich anpassen, um gemocht zu werden, aber was ist das für eine Liebe?

8. August

Ein Mutterschaf hinkt. Manchmal hat sich nur ein kleiner Stein zwischen den Klauen verklemmt. Ich bekomme das Tier zu fassen und schaue nach. Finde nichts, keinen Stein, keine Schwellung. Ich rufe die Tierärztin an. Sie sagt dasselbe wie immer, abwarten oder abmurksen. Aber ist es nicht anstrengend, wenn man das eine Bein nachziehen muss? Sie haben doch vier, sagt die Tierärztin.

20. August

Jemand hat mich gefragt, wie Schafe riechen. Eigentlich kann ich das gar nicht sagen, ich habe nie darüber nachgedacht. Das liegt wohl in der Nase des Betrachters. Die Mutterschafe haben eine Drüse direkt neben den Zitzen. Sie sieht aus wie eine eiternde Wunde, aber der Gedanke daran, herauszufinden, wie es dort wirklich riecht, ekelt mich an. Die Drüse führt das neugeborene Lamm zu seiner Mutter, vermutlich mit ihrem Duft. Meine Familie sagt immer, ich würde nach Schaf riechen, wenn ich die Tiere gerade geschoren habe. Ich glaube, es ist wie der Geruch eines Pullovers, den man lange getragen hat, gerade noch erträglich, aber höchste Zeit, ihn zu waschen.

1. September

Gehe durch die Herde. Die Schafe traben langsam vor mir her. Was ist eigentlich aus dem hinkenden Mutterschaf geworden? Ich erinnere mich nicht mal an seine Nummer. Ich jage die Herde ein bisschen mehr, um sicherzugehen, dass keines Probleme hat. Die Schwächelnden fallen immer zurück. Kein todsicheres System, aber es muss reichen.

17. Oktober

Vor dem Schlachten wollte ich die Gatter festschrauben. Nicht gerade erfolgreich. Ich habe mich ungeschickt angestellt und einen Bolzen kaputt gemacht. Muss einen neuen kaufen. Aber ich gebe nicht auf.

18. Oktober

Das Schlachten lässt sich nicht beschreiben. Vielleicht, weil es so widerlich ist, vielleicht, weil sich die Grenze zwischen Leben und Tod ganz einfach nicht begreifen lässt. Entweder man lebt, oder man lebt nicht. Dazwischen: eine Leere, ein Nichts, Antimaterie. Es ist wie diese Freifalltürme auf dem Rummel. Der ganze Körper schreit Nein, alle Reflexe wehren sich dagegen, aber man hat sich entschieden. Es muss durchgestanden werden. Und es geht gut. Anschließend stellt sich aber weder Euphorie noch Erleichterung ein. Eher ein tiefgraues Gefühl des Vollzugs. Bevor das Schlachten nicht stattgefunden hat, ist das Jahr mit den Schafen nicht vergangen, das Leben mit ihnen ist kein geschlossener Kreis, ehe es erledigt ist.

21. Oktober

Habe gestern einen Zaun von der Weide bis zum Schlachtraum gezogen. Effektive Arbeitszeit 1,5 Stunden. Trotzdem kommt es mir so vor, als hätte es den ganzen Tag gedauert.

22. Oktober

Ich habe ein Bolzenschussgerät aufgetrieben. Der Mann, der in einem der Häuser auf dem Hof wohnte, bevor wir herkamen, hatte eins. Du kannst es haben, sagte er, ich habe keine Verwendung mehr dafür. Ich fragte, was die Patronen für ein Kaliber hätten. Nein, antwortete er, für Kaninchen kannst du es nicht nehmen. Er muss wohl mal die Batterien in seinem Hörgerät wechseln.

24. Oktober

Einige Gedanken nach dem Schlachten. Es ist das erste Jahr, in dem wir alles selbst übernehmen. Früher haben wir einen Fachmann gerufen, ein netter Typ, der 15 Jahre in der fleischverarbeitenden Industrie tätig war, jetzt aber, glaube ich, als Pfleger in der Psychiatrie arbeitet. Damals konnten wir wegsehen oder so tun, als wären wir nicht richtig daran beteiligt. Jetzt sind wir mittendrin. Viel Blut und Tod, man stumpft nicht ab. Zwölf tote Schafe sind zwölf tote Schafe. Zwölf Bolzenschüsse sind zwölf zertrümmerte Gehirne. Nicht mehr und nicht weniger. Eine alte Tradition will es, vor dem Schlachten einen Schnaps zu trinken. Mittlerweile verstehe ich, dass man das nicht zum Spaß macht.

30. Oktober

Sehe nach den Fellen. Wir haben sie nach dem Schlachten gesalzen. Nach einer Woche muss man prüfen, ob mehr Salz nötig ist. Das Fett darf nicht ranzig werden. Der gelernte Schlachter war ein Meister im Häuten. Es ist ein kritischer Moment, man kann allzu leicht Löcher hineinreißen. Und wir können nicht gleich erkennen, wie wir uns geschlagen haben. Das zeigt sich erst, wenn die Felle zum Kürschner kommen.

18. November

Ich kann nicht aufhören, über mein Tun nachzudenken. Wieder und wieder. Grübeln würden manche das nennen. So wie meine Aufzeichnungen hier, über die Tage mit den Schafen. Wie sollten sie klingen? Ein Großteil meiner Aufgaben ist eintönig, grau und unspektakulär und auch ein bisschen langweilig. Müssten meine Notizen dann nicht auch ein bisschen langweilig sein?

22. November

Sehe nach den Schafen, nass, kalt, windig.

22. November (abends)

Befestige ein Verbindungsstück an der Wasserleitung, die leckt, kalt … nass.

23. November

Fülle Silage nach, sie ist feucht und schwer.

24. November

Sehe nach den Schafen, kein Unterschied.

25. November

Silage, nass.

26. November

Sehe nach den Schafen, sehe nichts.

27. November

Humpelt Nr. 264?

28. November

Nein.

29. November

Oder doch?

5. Januar

Ich blättere in meinen Aufzeichnungen. Mir fällt auf, dass mein Leben hier ganz anders verläuft, als ich es erwartet hätte. Dass ich eine so starke Verbindung aufbauen würde, nicht nur zu den Schafen, sondern auch zu den Weiden, den Launen des Wetters, den Eigenheiten der Jahreszeiten, dem Gras, den Bäumen, Büschen, Scheunen, Zäunen, Latten, Nägeln, ja allem – hätte ich nicht gedacht. Als wir herzogen, hatten wir bestimmte Vorstellungen vom Leben in der Kommune, von Selbstversorgung, Nachhaltigkeit und so weiter. Es lief nicht so, wie wir es uns gedacht hatten, vor allem, was den Gemeinschaftsgedanken anging. (Dass die Skeptiker aber auch immer recht haben müssen.) Über lange Zeiträume war ich mit den Schafen allein. Erst wurde ich wütend. Nicht so sehr auf die Abwesenden, sondern darauf, was für eine starke Anziehungskraft das normale Leben auf sie ausübte. Einen Job zu haben, jederzeit abhauen zu können, konventionelle Sachen zu machen, war leichter, als sich um die Schafe zu kümmern, wie sich herausstellte. Und ich verstehe das, es ist ja nicht gerade so, als würde unser Leben von der Schäferei abhängen. Es gibt keine einleuchtenden Gründe, die einen dazu motivieren, in kleinem (das heißt unrentablem) Umfang Schafe zu halten. Gleichzeitig erfordern sie einen gewissen Arbeitseinsatz. Die Tiere können nicht warten, bis man Lust hat, sich um sie zu kümmern, hat meine Schwester einmal gesagt. Inzwischen habe ich gelernt, andere nicht mehr motivieren zu wollen, ihre Hoffnungen und Vorstellungen sind mir egal. Ich kümmere mich um die Schafe, und das reicht mir. Wir haben diese Enttäuschung gemeinsam durchgemacht, die Schafe und ich. So entsteht eine Verbindung. Nicht zu den einzelnen Individuen, die früher oder später sowieso geschlachtet werden, sondern zur Herde und ihren Bedürfnissen. Ich bin niemandem mehr böse.

15. Februar

Ich habe wieder angefangen zu lesen. Warum, weiß ich nicht. Vielleicht, weil die Schafe zurzeit nie abhauen, was wohl an den Elektrozäunen liegt. Die Winterroutinen laufen auch reibungsloser ab, das Wasser gefriert fast nie usw. Ich will mich nicht über diese Entwicklung beklagen, aber jetzt sitze ich hier und betrachte mein Bücherregal. In den ersten Jahren auf dem Hof waren die Bücher in den Hintergrund geraten. Sie wurden zu Möbeln, einer geschmackvollen Unterbrechung der Tapete. Ich finde schnell wieder zu ihnen zurück. In seinen kritischen Essays schreibt Roland Barthes, um eine Mitteilung zu berichtigen (das heißt, um sich exakt auszudrücken), müsse man eine originelle Variante finden oder sogar erfinden. Er spricht von Literatur. Ich denke aber, das trifft auf fast alles zu; damit etwas authentisch und echt wird, muss man Routine, Erfahrung, ja sogar Wissen vermeiden. Wenn man irgendetwas zu gut kann, macht es keinen Spaß mehr. Es ist schwierig, denselben Witz zweimal hintereinander zu erzählen. Ich hoffe, die Schafe bewahren ihre Unergründlichkeit. Vielleicht werden sie eines Tages auch den Strom überlisten.

10. März

Als Schafbauer wird man immer sensibler für Details und Signale. Wenn es auf den Frühling zugeht, am Übergang von Winterfutter zu Weidegras, muss man ein Gefühl dafür entwickeln, ob die Schafe hungrig sind, ob das Gras reicht oder ein neuer Silage-Ballen nötig ist. Es klingt so einfach, wenn man es erst mal verstanden hat, aber ich habe Jahre dafür gebraucht. Wenn ich in die Herde hineingehe, merke ich daran, wie viel sie blöken und ob sie meine Nähe suchen, ob sie hungrig sind. Mitunter gehen sie sogar zum Gatter, das zur nächsten Parzelle in der Wechselbeweidung führt. Vielleicht liegt es nicht nur daran, dass ich ihre Signale verstehe, sondern auch daran, dass die Schafe gelernt haben, mir diese Signale zu geben. Wir verstehen uns, die Schafe und ich.

3. April

Sie fressen Gras, Heu und Silage nicht nur, sie leben wirklich damit. Die Halme bleiben in der Wolle hängen, sie haben Grasflecken an den Knien. Wenn ich es nicht besser wüsste, könnte ich mir durchaus vorstellen, dass sie sich die Pflanzenfasern auch durch die Ohren und Augen, ja sogar durch die Haut einverleiben.

12. April

Ich habe einen Werbefilm für den Bauernverband gesehen. Ein Mann sitzt im Sonnenaufgang und blickt auf sein Land; ziemlich große, flache und mit dem Drehpflug beackerte Felder. Er steigt auf seinen Traktor und sieht aus wie ein Passagier in einem großen Bus. Eine Stimme erklärt, dass der Bauer von seinem Boden lebt und er ihn deshalb auch hegt und pflegt. Etwas so Absurdes habe ich lange nicht mehr gehört. Wenn man nur ein bisschen was über das Ökosystem weiß, versteht man, dass die industrielle Landwirtschaft eine ernsthafte Bedrohung für eine ganze Reihe von Tier- und Pflanzenarten darstellt. Außerdem beutet sie den Boden systematisch aus – ohne zusätzlichen Kunstdünger würde hier langfristig nichts mehr wachsen – und ist zudem ein gigantischer Energiefresser. Schwedens Bauern sind fleißig und kämpferisch, aber die Natur ist ihnen egal. Gleichzeitig sind wir und unsere Schafe aber von den echten Bauern mit ihren großen Traktoren abhängig. Ich träume zaghaft davon, das Winterfutter eines Tages mit der Hand einzuholen oder vielleicht mit der Hilfe eines Pferdes. Das aber wiederum auch Winterfutter bräuchte.

21. April

Ich würde sagen, dass wir jedes Jahr professioneller werden (wozu auch immer das gut sein soll). Zum Beispiel haben wir inzwischen einen, manchmal sogar zwei Hütehunde. Vieles, was sonst in Chaos ausartete, klappt nun wie am Schnürchen, beispielsweise eine Gruppe von Schafen zu teilen und die eine Hälfte auf eine neue Weide zu treiben. Heute kam es allerdings wieder zu tumultartigen Szenen. Wir wollten die Mutterschafe und ihre Lämmer auf eine Weide bringen, auf der sie noch nie waren. Weibliche Schafe mit Lämmern haben eine ganz eigene Psyche. Ihr Fluchtinstinkt ist wie weggeblasen, dasselbe gilt für den Trieb, die Herde zusammenzuhalten. Sie konzentrieren sich nur auf die Lämmer. Sie wollten den Hunden nicht weichen, und einige Schafe attackierten sie sogar, sodass wir die Hunde wieder auf die Ladefläche des Geländewagens hoben. Dann versuchten wir, die Schafe mit Kraftfutter zu locken. Auch das erfolglos. Am Ende mussten wir sie im Prinzip vor uns herschieben.

22. April

Ich glaube, der Fuchs hat ein Lamm gerissen. Die Weide, auf die wir die Schafe gestern verlegt haben, liegt ein Stück vom Hof entfernt, am Rand des großen Waldes. Eines der Lämmer musste immer noch mit der Flasche gefüttert werden und wurde zeitweise von seiner Mutter verstoßen. Als wir ihm am nächsten Morgen die Flasche geben wollten, kam es nicht, es war weg. Ich redete mit einem Nachbarn, einem Jagdfanatiker. Er sagte, der Fuchs könne im Laufe des Frühjahrs zehn bis fünfzehn Lämmer reißen, in England gebe es große Probleme damit, man müsse dieses Tier unerbittlich jagen, und er habe einen Kumpel mit einem Terrier, der den Bau »säubern« könne. Ich beendete das Gespräch, konnte es aber nicht lassen, mit dem Gewehr zum Waldrand zu schleichen, in Deckung zu gehen und Wache zu schieben. Ich habe noch nie einen Fuchs erschossen, einmal hatte ich einen im Visier, zögerte jedoch zu lange. Jagen ist nicht mein Ding. Ich habe eine Stunde im Gras gelegen und Ausschau gehalten, bis es stockdunkel war. Dann ging ich zu den Schafen. Sie bildeten eine Gefechtsformation. 18 Mutterschafe und 37 Lämmer drängten sich auf 25 Quadratmetern zusammen, die Mütter außen und die Lämmer innen. Sie kommen wohl allein zurecht.

30. April

Ich habe den täglichen Kontakt zu den Schafen verloren. Es sind neue Menschen auf den Hof gekommen, die gern teilhaben wollen. In den vergangenen Tagen hat jemand anderes nach ihnen gesehen, die Lämmer gezählt, beobachtet, wie sie wachsen, was sie fressen, auf welche Steine sie springen, die Stimmung in der Herde aufgefangen. Ich verspüre eine innere Leere. Man denkt, dass es anstrengend ist, so an die Tiere gebunden und für sie verantwortlich zu sein, dass es stressig sein muss, jeden Tag für sie da zu sein, dass man nie ganz frei ist. In Wahrheit ist es genau umgekehrt. Ich sitze in der Küche und starre vor mich hin. Mit Freiheit hat das nichts zu tun.

2. Mai

Ich bin kein eitler Mensch, aber beim Scheren genieße ich es, im Mittelpunkt zu stehen. Wenn die Zeit gekommen ist, wird viel geplant und besprochen. Ältere Damen, die an der Wolle interessiert sind, besuchen uns, Nachbarn wollen zugucken, die Kinder »helfen«. Es geht zu wie auf dem Rummelplatz. Und dabei bin ich noch nicht mal besonders gut im Scheren. Diesmal gehe ich einfach zur Scheune und fange an, weil gerade niemand anderes auf dem Hof ist, und plötzlich verstehe ich die wahre Bedeutung des Scherens. Ich verstehe sie ein wenig vage und doch deutlich, ohne Worte. Die Wolle ist fettig und klebrig.

3. Mai

Der unhaltbare Zustand der Welt ist ständig spürbar. Oder was heißt spürbar ... Alles ist schlicht und ergreifend unhaltbar, die ganze Zeit. Ich verstehe nicht, warum alle so tun, als wäre nichts, so tun, als hätten wir gute Ideen, die alles verändern können. Ich habe mich ein bisschen über die Forstwirtschaft schlau gemacht, weil ich ein Waldstück geerbt habe (alles hat einen Grund). Der Kahlschlag gehört zu den Faktoren, die zum Ende der Menschheit auf Erden beitragen. Man bemerkt es nicht sofort, es ist, als würde ein Faden nach dem anderen reißen, bis alles zusammenbricht. Eine Forstwirtschaft mit Kahlschlag zu betreiben, wird die ökologischen Zusammenhänge und Funktionen schwächen, bis sie ganz einfach nicht mehr zusammenwirken und funktionieren. Begrüßenswerterweise hat die Forstverwaltung in letzter Zeit einiges in die Entwicklung nachhaltiger Forstwirtschaft investiert. Wenn man mit den Mitarbeitern dort spricht, vermitteln sie den Eindruck, als wäre Nachhaltigkeit der letzte Schrei, stark im Kommen, mit vielen Interessenten. Ich habe gefragt, wie groß die Fläche ist, um die es geht. Es sind höchstens ein paar Prozent der produktiven Waldgebiete.

9. Mai

Wir zäunen eine ganz neue Weide ein. Das heißt, eigentlich gibt es sie schon seit mehreren Hundert Jahren, aber mit Stacheldraht und Kühen. Wir stellen auf Elektrodraht um, dann können die Schafe zusammen mit den Kühen grasen. Die Kühe gehören den richtigen Bauern, die uns das Land und die Ställe verpachten. Sie, also die Bauern, sind gegenüber unserer alternativen Herangehensweise positiv eingestellt. Als wir herzogen, hatte ich mit größerem Widerstand gerechnet. Aber sie haben wohl gleich erkannt, dass wir nie die Macht übernehmen werden.

11. Mai

Ich bin nicht zum Bauern geboren, aber allmählich werde ich einer. Nicht Bauer im Sinne von Landwirt, Produzent von landwirtschaftlichen Erzeugnissen, Unternehmer. Ich werde einer dieser beschränkten, störrischen und eingebildeten Bauern. Ich habe die Schafe und brauche nichts anderes. Was kümmert es mich, was in der Welt passiert … was passiert eigentlich in der Welt?

13. Mai

Es kommen noch mehr Tiere auf den Hof. Schweine – fröhlich, sozial, unkompliziert, uns Menschen ziemlich ähnlich (abgesehen davon, dass ihr Leibgericht Sauermilch ist); Pferde – kraftvoll, loyal, nützlich, uns Menschen überhaupt nicht ähnlich (abgesehen davon, dass sie einen leichten Dachschaden haben). Trotzdem sprechen mich die Schafe besonders an. Sie haben etwas Friedliches, Unprätentiöses und Stoisches an sich, was mir liegt. Ich drehe noch eine Runde über die Weide. Eigentlich sollte ich prüfen, ob der Zaun Strom führt, aber ich bleibe still in der Herde stehen und vergesse es. In der Dunkelheit kehre ich zurück, widerwillig, als wollte ich eigentlich noch draußen bleiben.

16. Mai

Inzwischen kommen sie fast allein zurecht. Ich brauche keine Arbeitszeit auf sie zu verwenden, zumindest solange der Zaun hält. Früher waren der Frühling und der Sommer (und teilweise auch der Herbst) gleichbedeutend mit einer ständigen Jagd nach Löchern im Zaun, für die Schafe wie auch für mich. Jetzt funktioniert das besser. Sie haben großen Respekt vor dem Elektrozaun, vielleicht weil sie nicht viel von Strom verstehen, aber wer tut das schon?

23. Mai

Eigentlich will ich die Schafe jeden Tag zählen, aber es ist schwer. Sie verteilen sich und bewegen sich, vor allem, wenn ich auf sie zugehe. Einige verschwinden, andere kommen zum Vorschein. Vor vielen Jahren habe ich eine Sendung im Fernsehen geschaut. Es ging ums Schafezählen in Australien. Tausende Schafe mussten gezählt werden. Damals habe ich das Ausmaß dessen, was ich sah, nicht erfasst, jetzt verstehe ich, wie es zugegangen sein muss. Die Herde wurde auf ein Gatter zugetrieben, durch das höchstens zwei Tiere nebeneinander passten. Während die anderen von hinten schoben, passierten die Tiere das Gatter in einem angenehmen Tempo für den, der zählte. Dieselbe Situation entstand hier kürzlich ganz spontan. Die Schafe wechseln gern auf eine andere Weide, wenn man ein Gatter öffnet. Ich öffnete es nur einen schmalen Spalt weit und verstand, dass die Schafe dann gerade so schnell hindurchschlüpfen, dass ich sie noch zählen kann: 37 Lämmer!

5. Juni

Ich weiß, dass das, was ich jetzt schreiben werde, ein Klischee ist. Es stimmt auch nicht ganz, aber es ist ein Gedanke, der sich mir aufdrängt, wenn ich durch die Gegend spaziere und nachdenke. Vielleicht spiegelt meine Beziehung zu den Schafen etwas in meiner Vergangenheit, vielleicht sehe ich in diesen leeren Augen eine verlorene Kindheit, vielleicht ist diese Nähe zum halb Zivilisierten, halb Natürlichen genau das, was mir gefehlt hat. Ich bin in dieser Gegend aufgewachsen. Mein Vater war Bauer auf genau diesem Hof. Meine zarten Kinderfüße sind schon über die Vorfahren genau dieser Nesseln getrampelt. Und vielleicht ist diese tief greifende Erfahrung noch in den Fußsohlen gespeichert. Schon als Kind durfte ich etwas ahnen, etwas über Zusammenhänge, die sich nicht durchschauen lassen und trotzdem real sind für den, der … offen ist. Nach und nach musste ich das Gegenteil lernen. Die Welt hängt auf eine logische Weise zusammen, man eignet sie sich an, indem man sich weiterbildet und die von der Wissenschaft bereitgehaltenen Themen vertieft. Alle anderen Fähigkeiten lassen sich hauptsächlich unter dem Stichwort Humor zusammenfassen. Meine persönliche Entwicklung war in der ersten Hälfte des Lebens wie der Industrialismus selbst: rational, optimistisch, urban. Die Schafe machen mich sozusagen wieder barfuß. Lassen mich zum Einfachen zurückkehren. Aber das Einfache erweist als vielschichtig und unendlich komplex.

11. Juni

Ich lese H wie Habicht von Helen Macdonald. Sie zähmt einen Habicht und verarbeitet so den Tod ihres Vaters. Und vielleicht auch ihr sinnentleertes akademisches Selbstbild. Es geht darum, sich eine Jagdwaffe zuzulegen, was mir nicht sofort klar wird. Es ist schwer zu glauben, dass ein Raubvogel all seine Kompetenz als Wildtier behalten und seinem Besitzer dennoch so loyal verbunden sein kann. In der Vergangenheit war es so, das weiß ich, aber es ist, als würde mein Verhältnis zu den Tieren hier auf dem Hof den Gedanken an ein zahmes Wildtier unrealistisch erscheinen lassen. Jedenfalls beschreibt Macdonald, wie sie, als sie nach Habichten suchte, aus dem Auto steigt wie ein Reh aus dem Unterholz. »Irgendetwas in meinem Inneren befahl mir, wie und wohin ich treten sollte, ohne dass ich selbst viel darüber wusste. (…) Die uralten geisterhaften Eingebungen, die seit Tausenden von Jahren Sehnen und Seele zu einer Einheit verschmelzen, hatten die Führung übernommen, taten, was sie immer taten, verursachten mir im hellen Sonnenlicht auf der falschen Seite eines Hügelkamms Unbehagen, zogen mich auf die andere Seite einer ausgebleichten grasgewachsenen Anhöhe – zu einem Tümpel.« Damit kann ich mich identifizieren. Zwischen den Schafen und mir existiert etwas, das so viel älter ist als wir selbst, älter als diese Bäume und

Büsche, älter als Bücher und Wissen. Der Vogel soll lernen, von seiner Sitzstange auf die behandschuhte Hand seiner Besitzerin zu hüpfen. Es gelingt nicht recht. Das Habichtweibchen sitzt nur da und ist sauer. Doch dann passiert etwas. »Und plötzlich wird meine Hand getroffen, mit einem so unerwartet harten Schlag, dass er sich wie eine Stoßwelle über meine Wirbelsäule bis zu den Zehenspitzen hinunter ausbreitet. Ein Schlag mit einem Baseballschläger hätte eine ähnliche Wirkung gehabt. (…) Sie hat eine gewaltige psychologische Kluft überwunden, eine Kluft, die viel größer war als die fünfundzwanzig Zentimeter zwischen ihr und meiner Faust. Das Landen darauf bedeutet gleichzeitig Töten – ihr Griff ist wie ein Schraubstock, ohne Gnade.« Das ist vielleicht ein bisschen übertrieben, aber ich verstehe dieses verführerische Gefühl, in einer Verbindung mit der Natur zu stehen. Ich denke an die Lämmer, wenn sie zum ersten Mal richtig die Zitze zu fassen bekommen. Ein so kleiner Körper, kaum in der Lage, sich aufrecht zu halten, und noch viel weniger, sich zu orientieren. Doch wenn das Lamm die Zitze gut mit dem Maul zu fassen bekommt und daran saugt, entwickelt es plötzlich eine geradezu übernatürliche Kraft. Es gelingt ihm sofort viel besser als mir, die Milch hinauszubefördern. Wenn man das Lamm und das Euter hält und diese unerwartete Kraft spürt, ist es, als würde das Leben selbst zupacken.

19. Juni

Wir trieben die Schafe auf die Straße, auf die große, asphaltierte Landstraße in der Nähe unseres Hofs. Das ist ein Umweg, aber wir, oder jedenfalls der Besitzer des Hütehundes, wollten einmal erleben, wie die Autos anhalten und umgeben von einer Schafherde warten müssen. Und es war auch ein tolles Erlebnis, das fanden alle. Auf dieser Straße hat es sonntags niemand eilig. Die Schafe kümmern sich nicht die Bohne um die Autos oder den Asphalt. Ich habe früher manchmal davon geträumt, den Autoverkehr ganz zum Erliegen zu bringen, als radikalen Widerstandsakt gegen alles, was die Natur zerstört. Vielleicht sind große Tieransammlungen auf den Straßen eine gute Methode.

22. Juni

Die Böcke sind auf der großen Weide am Wald. Sie verteilen sich. Wenn man alle zählen will, muss man weite Strecken zurücklegen. Ein ganzer Tag reicht nicht aus.

24. Juni

Meine Frau blättert im Tagebuch. »Was ist eigentlich aus der 195 geworden?«, fragt sie. An einer anderen Stelle im Buch habe ich genaue Aufzeichnungen vom Lammen. 195: zwei gesunde Lämmer ohne besondere Anmerkungen. Und dies war noch dazu der unglückselige Herbst, in dem so viele Mutterschafe Probleme hatten. Die Natur ist unergründlich.

25. Juni

Ich bin Vegetarier, aber ich esse das Fleisch unserer Lämmer. Ethik und Moral sind eine vertrackte Angelegenheit. Ich bin Vegetarier geworden, nachdem ich verstanden hatte, welche Tötungsindustrie das Fleisch in unseren Supermärkten produziert. Und gleichzeitig wurden mir auch die Augen dafür geöffnet, dass Tiere Wesen mit einem Nervensystem und mit Gefühlen sind. Fleisch – das sind im Grunde die Überreste toter Individuen, Leichenteile. Eine Zeit lang war mein Widerwille dagegen, Tiere zu essen, so groß, als hätte ich Menschen essen müssen. Dann bekam ich Schafe. Und Kinder. Das Leben ist nicht so einfach, dachte ich da. Ich fing wieder an, Fleisch zu essen, aber nur von den Tieren, an deren Tötung ich selbst beteiligt war. Es ist unmöglich, sich die beste moralische Haltung auszurechnen. Manche glauben das zwar, aber es bleibt immer ein Überhang in all den Berechnungen dessen, was richtig und falsch ist, etwas, das sich nicht richtig bestimmen lässt. Es ist wie mit der Liebe. Man kann nicht exakt und vollständig beschreiben, warum man jemanden liebt. Dann wäre es keine Liebe, sondern ein Investitionsbeschluss.

26. Juni

Ich nehme mir Zeit für die Böcke. Jetzt werde ich sie richtig zählen, ganz sichergehen, dass die Zahl auch stimmt. Vielleicht sind diese Weiden die ursprünglichsten in der ganzen Gegend. Der Wald wurde an den meisten Orten abgeholzt und wieder aufgeforstet, die Äcker sind gepflügt und entwässert. Aber die Weiden sind wohl seit vielen Generationen dieselben. Mitten auf der Weide steht ein alter Eichenpfosten mit einer Art Metallbeschlag. Wie alt der sein mag, zweihundert Jahre? Der Boden ist steinig und uneben. Man kann nichts anbauen, aber das Gras ist saftig. Ich erreiche eine Anhöhe und kann mehrere Kilometer weit über die Ebene schauen. Wenn ich, rein hypothetisch, etwas Bestimmtes von dieser Gegend vorzeigen wollte, wäre es diese Aussicht. Mittlerweile stehe ich schon seit einer halben Stunde hier, und die Böcke werden neugierig. Sie kommen herbei, und ich kann sie alle zählen, ganz einfach, indem ich reglos auf einem Stein stehe.

27. Juni

Anfangs hatten wird ziemlich hochtrabende Vorstellungen davon, unser eigenes Essen anzubauen, uns selbst zu versorgen. Irgendwann wurde ich es leid. Ich brauche keine Erklärung dafür, warum ich Schafe halte. Das ergibt sich von selbst. Der Zaun, das Futter … all das. Aber die Leute wundern sich. Warum genau? Tötest du sie selbst? Ist das belastend? Musst du dich jeden Tag um sie kümmern? Schränkt einen das nicht ein? Ich versuche, ihnen zu sagen, dass sie ja mitmachen und selbst einmal so etwas ausprobieren könnten, aber eigentlich wollen sie nur politische Aussagen von mir hören. Mir ist das Vermögen abhandengekommen, etwas Politisches darüber zu sagen, wie ich einen Drahtzaun ausrolle oder ein Lamm zu den trockenen Halmen unter der Wärmelampe trage. Falls ich es je konnte. Aber man ist ja höflich. Ich antworte, wenn mich jemand fragt. Wollte ich Rechtfertigungen über mein Leben vermeiden, bräuchte ich einen normalen Job, ein normales Haus, normale Freunde, und ich dürfte nie etwas Unerwartetes tun. Und das Seltsame ist, dass doch gerade ein solches Leben Fragen aufwerfen müsste, weil man Mitläufer und Begünstigter eines wirtschaftlichen und politischen Systems ist, das Tod und Vernichtung mit sich bringt und für die ärmere Hälfte der Weltbevölkerung die reinste Apartheid bedeutet. Noch dazu fordern manche, oder sogar eine Mehrheit von uns, wir sollten unsere Grenzen für Menschen aus Kriegsgebieten oder armen Teilen der Welt dicht machen. Als hätten wir einen natürlichen Alleinanspruch auf all unseren Überfluss.

28. Juni

Inzwischen gibt es ein kleines Café auf dem Hof. An der Wand hängen ein paar Schaffelle, die man bei Interesse käuflich erwerben kann. Ich trank dort gerade einen Kaffee, als plötzlich jemand sagte, dort sitze ja der Hirte persönlich. »Sind das Ihre Schafe?«, fragte ein Mann ganz eifrig. Ich weiß nicht, warum ich nicht einfach geradeheraus mit Ja antworten konnte. Vielleicht war das ein Reflex, über Generation von Hirten weitervererbt, die wissen, dass einem die Schafe nur in einem oberflächlichen, viel zu zivilisierten Sinn gehören. Na gut, wenn die Felle verkauft werden, bin ich vielleicht derjenige, der das Geld einnimmt. Wir redeten über Farben, Muster und die Beschaffenheit der Wolle, oder was heißt reden – er stellte seine Fragen schneller, als ich antworten konnte, und schien sich besser auszukennen als ich. Er schlug mir sogar einen Preis vor, der ihm im nächsten Moment aber anscheinend selbst zu hoch vorkam.

29. Juni

Es gab eine Zeit in meinem Leben, in der ich fand, Literatur sei etwas Besonderes, Wörter und Formulierungen stünden in einer direkten Verbindung zu unseren Überlegungen, Gedanken und Gefühlen. Ich dachte, dass ein Roman oder vielleicht auch nur ein Satz eine ganze Welt zum Leben erwecken könnte, fremd und doch plötzlich bekannt. Inzwischen denke ich, dass gewissermaßen alles, was passiert, Poesie ist. Eine Krähe flattert über der Schafherde, sie hat bestimmt etwas mitzuteilen. Krähen können alt werden, vielleicht ist diese hier älter als ich, vielleicht hat sie gesehen, wie sich der Hof während unserer Jahre mit den Schafen verwandelt hat. Irgendwann hat sie sicher einmal an einem toten Lamm gepickt. Die spontane Literatur dieses Daseins kommt ohne die Wertschätzung oder Anerkennung anderer aus, sie gehört niemandem, weder Schriftstellern noch Lesern. Sie lebt ihr eigenes Leben, lässt Wörter und Gedanken kommen und gehen.

30. Juni

Ich rufe bei der Bezirksverwaltung an. Wenn die Herde wächst, werden wir eines Tages die Grenze überschreiten, ab der man ein Gewerbe anmelden muss. Mir wird klar, dass wir davon noch weit entfernt sind, aber man muss sich ja an die Regeln halten. Doch, doch. So sollte man den Mist beispielsweise auf einer Betonplatte lagern, damit der ganze Stickstoff nicht in den Boden sickert. Ich weiß, dass hinter dem alten Kuhstall eine solche Platte liegt. Es gibt für alles eine Lösung.

2. Juli

Ich denke über Fleisch nach und über die Zeit, als ich noch ein richtiger Vegetarier war. Der wichtigste Grund dafür war vielleicht, dass ich das Fleischfressen mit einer vulgären Gier in Verbindung brachte. In unserer Konsumgesellschaft steht alles immer zur Verfügung, es gibt nichts, auf das wir verzichten müssen. Und der Fleischverzehr wurde zum deutlichsten Symbol dafür. In einem industriellen Umfang Tiere zu züchten und zu töten, um ein Leben in Luxus und Überfluss zu ermöglichen, ist nicht richtig. Natürlich ist es lächerlich und verfehlt, einfach nur Vegetarier zu werden und weiterhin dasselbe egozentrische Leben zu führen, aber es ist immerhin etwas. Ich bin aufs Land gezogen und habe mir Schafe angeschafft, um diesem hedonistischen Albtraum zu entkommen. Das hat nicht ganz geklappt. Ich lebe immer noch im Überfluss. Wenn das Fleisch im Gefrierschrank zur Neige geht, muss ich bloß in den nächsten Supermarkt fahren. Wahrscheinlich wird mich die Zukunft dafür bestrafen, aber ich weiß nicht, wie ich all dem entkommen soll. Insgeheim hoffe ich, dass all diese Bequemlichkeit und Zugänglichkeit, in der man mit einer Kreditkarte alle Probleme lösen kann, eines Tages verschwinden wird. Wenn dieser Boden, diese Weiden und diese Schafe alles wären, was ich hätte, was historisch betrachtet für einen Großteil unserer Zeit auf Erden der Fall war, hätten das Schlachten und der Fleischverzehr überhaupt nichts mit Moral oder Nachhaltigkeit zu tun. Es wäre eine Lebensweise, kurz und gut. Sonne, Wind, Wasser, Erde, Organismen und ein kleines bisschen Zaun in einer organischen Ganzheit, in die nur Gott persönlich eingreifen darf. Und nicht einmal das.

4. Juli

Wie gesagt bin ich dabei, ein Bauer zu werden, mürrisch und selbstgenügsam. Trotzdem kann ich nicht aufhören, über meinen Platz in der Welt nachzudenken. Nicht aus dem Grund, dass ich besonders wichtig wäre, sondern weil ich, genau wie alle anderen, ein Teil des Ganzen bin. Vor einigen Wochen passierte etwas Grausames, was das Phänomen »Teil des Ganzen« veranschaulicht. Ein Lamm starb, ich war gezwungen, es zu erschießen, und meine Kinder waren dabei. Aber ich glaube, dass weder die Mutter des Lamms noch irgendein anderes Tier in der Herde deswegen trauerte. Ich sage das nicht, um etwas Trauriges und Unbehagliches zu trivialisieren. Ich glaube ganz einfach, dass es stimmt. Eines unserer Pferde hatte das Lamm getreten und so unglücklich getroffen, dass es getötet werden musste. Wir haben den Vorfall nicht beobachtet, aber so muss es sich zugetragen haben. Ein paar Tage zuvor hatten wir die Schafe auf die Pferdekoppel gelassen, und ich sah, wie neugierig die Lämmer waren. Sie strebten auf die Pferde zu und beschnupperten sie, bis die Pferde gereizt waren und sie wegjagten. Dieses Lamm war wahrscheinlich am unvorsichtigsten, es lief zwischen den Beinen der Pferde herum und geriet unter einen Huf. Als wir zur Weide kamen, lag es in einer kleinen Mulde und konnte nicht mehr aufstehen. Das eine Vorderbein war unnatürlich verrenkt. Ich versuchte es wieder aufzustellen, aber es verlor sofort das Gleichgewicht und zappelte nur. Die Kinder waren mit den Pferden beschäftigt. Sie sahen mich und das Lamm. Ich muss es erschießen, sagte ich. Als ich mit dem Gewehr zurückkam, hatten sich die Kinder um das Lamm versammelt. Wir können nichts mehr tun, geht mal ein Stück zurück, sagte ich. Ich schoss dem Lamm in den Hinterkopf. Anschließend kamen die Kinder wieder herbei und sahen, wie dickes Blut aus seinem Maul sickerte. Der Lauf des Lebens? Ich weiß nicht. Meine Tochter ging wieder zu den Pferden, einer meiner Söhne half mir, das Lamm hinauszuschleifen. Wir legten es in einen Plastiksack. Am nächsten Tag würde ich es vergraben. Ohne dass ich dieses Erlebnis zu sehr banalisieren will, glaube ich, dass es darum geht, aus seinen Fehlern zu lernen. Für das Lamm war das natürlich keine hilfreiche Erfahrung, es war tot und sonst nichts, aber für die Schafherde als Ganzes war es eine wichtige Lektion: Geht nicht zu nah an die Pferde heran. Und genauso trauert die Herde nicht um ein verlorenes Individuum, sie verspürt einen Schmerz in einem Teil des kollektiven Schafkörpers. Es ist eine Wunde, die brennt, aber sie heilt auch wieder, und die Herde lebt weiter, stärker und lebensfähiger.

23. Juli

Es ist trocken. Das Gras verdorrt. Die Schafe blöken. Sie kommen herbei, als ich auf die Weide gehe, als wollten sie mich um Regen bitten.

10. September

Die Natur in dieser Gegend ist nicht besonders natürlich. Je mehr ich über den Wald, die Weiden, die Felder, die Seen, Flüsse und Kanäle, die Straßen und Gebäude nachdenke, desto mehr verstehe ich, wie alles mit dem Handeln und Tun der Menschen zusammenhängt. Und das schon seit so langer Zeit, dass sich schwer feststellen lässt, was an der hiesigen Natur natürlich ist. Unter den Schichten der Zivilisation, die man in der Gegenwart sieht, existieren ältere Schichten menschlichen Wirkens, das die Umgebung geformt hat. Es ist sinnlos, sich einen natürlichen Zustand vorzustellen oder gar wiedererschaffen zu wollen. Ich glaube, Schafe waren hier nie besonders weitverbreitet. Der Boden ist viel zu fruchtbar für eine so anspruchslose und unproduktive Tierart. Trotzdem habe ich das Gefühl, eine historisch gewachsene Verbindung zu spüren, wenn ich meiner Schafherde folge; wie sie grasen, sich bewegen, auf den Weiden und in den Wäldern nach Futter suchen. Ich denke, ihr Verhalten, ihre Kompetenz und ihr Charakter haben mit einer jahrtausendealten Entwicklung zu tun. Vielleicht sind die Zeit und die Geschichte aber auch unwesentlich. Schafe sind, was sie sind, hier und jetzt, sie machen das Beste aus der Situation. Die ersten Tiere, die wir angeschafft hatten, kamen aus Värmland, 300 Kilometer von hier entfernt. Dann haben wir ein paar Böcke aus ziemlich entlegenen Ecken des Landes importiert. Weder genetisch noch traditionell haben sie irgendetwas mit diesem Boden zu tun. Aber sie stehen in einer höchst realen Beziehung zu diesem Hof – sie leben von ihm.

11. September

Ich versuche, nicht mehr so abhängig von Lob und Anerkennung zu sein. Im Grunde weiß ich gar nicht, warum, vielleicht weil es mir wie eine logische eigentherapeutische Maßnahme erscheint. Wenn man vom Urteil anderer abhängig ist, sind die Laune und das Selbstwertgefühl im selben Maße verletzlich, wie die Umwelt unberechenbar ist. Aber hat Logik jemals irgendwem geholfen? Vielleicht bin ich einfach nur verschlossen und nicht gut darin, Erfahrungen und Gefühle mit anderen zu teilen. Vor ein paar Jahren, als die Schafherde kleiner war und ich noch nicht so erfahren, wurde meine harte Schale ein bisschen aufgeweicht. Zwei Handwerker, vielleicht Elektriker, arbeiteten hinter dem Kuhstall an irgendetwas. Sie waren am frühen Morgen gekommen, sie wussten schon vorher, was zu tun war. Ich ging zu ihnen und redete mit ihnen, nachdem die Kinder in die Schule gefahren waren. In dem Moment begannen die Schafe plötzlich zu blöken, in 50 Meter Entfernung. Die erkennen Sie, sagte einer der Handwerker. Uns haben sie vorhin gar nicht beachtet. Ich fühlte mich gesehen und war gerührt.

12. September

Wenn man nicht regelmäßig nach den Schafen sieht, werden sie immer wilder. Sie stürmen davon und sind schwer in den Griff zu bekommen. Gleichzeitig kann man ihnen relativ schnell wieder gutes Benehmen beibringen. Ich glaube, früher wurden Schafe und andere Haustiere einen Großteil des Jahres sich selbst überlassen. Vielleicht wäre es vernünftiger, die Herde während des Sommers in Ruhe zu lassen, so bräuchte man weniger Arbeitsstunden … pro Kilo Fleisch. Ja, vermutlich sollte man so rechnen.

13. September

Wir haben ein paar neue Schafe für die Herde gekauft. Oder was heißt gekauft, wir bekamen sie von einem Lernbauernhof geschenkt. Kleine Schwächlinge ohne eine Zukunft in unserer Produktion, wo wir auf eine gewisse Größe und ein schönes Fell Wert legen. Doch bei uns sind trotzdem alle willkommen. Heute türmte ein Mutterschaf. Es war allein auf der Straße neben der Weide unterwegs. Dass ein Schaf allein abhaut, passiert nur selten. Es war deutlich gestresst und wollte sofort wieder zurück, fand aber keine Stelle im Zaun, an der es hinüberspringen oder hindurchschlüpfen konnte. Wir versuchten es im Garten in eine Ecke zu drängen, doch es stürmte immer wieder an uns vorbei. Beim zweiten Mal führte ich das Schaf an der Nase herum, und es versuchte, geradewegs durch mich hindurchzuspringen, sodass ich es in der Luft fangen konnte. Dieses Gefühl, ein Schaf einzufangen, das völlig außer Rand und Band ist, war mir entfallen. In den ersten Jahren kam das oft vor. Die Herde war kleiner und die einzelnen Individuen dadurch störrischer und unzuverlässiger, die Fluchtversuche zahlreich. Um ehrlich zu sein, vermisse ich diese Zeit ein bisschen. Ich trage die Ausbrecherin zur Weide, und mir fällt auf, dass ich auch schon lange kein Schaf mehr über den Zaun gehoben habe. Sie ist klein, vermutlich die Kleinste von allen. Doch inzwischen sind fast alle unsere Schafe Kreuzungen mit Produktionsrassen, weshalb sie viel Fleisch auf den Rippen haben und man sie jetzt im September unmöglich über den Zaun heben kann. Ich erinnere mich an eine alte Technik. Ich stoße das Schaf in meinen Armen mit meinem Bauch über den Zaun und lasse es los, sodass es auf der anderen Seite auf allen vieren landet. So werden Verletzungen vermieden. Wobei ich eigentlich nicht glaube, dass sich Schafe bei einer so geringen Fallhöhe überhaupt verletzen können, ihr Körper gleicht dem von Katzen. Man kommt sich nur so gemein vor, wenn man es wie einen Sack Kartoffeln ins Gras fallen lässt. Ein bisschen Anstand sollte man schon wahren.

16. September

Noch immer trocken. Die Schafe knabbern an den Spitzen der Nesseln. Dann ist die Dürre weit fortgeschritten. Aber sie werden durchkommen, sie sind stark.

25. September

Der Zaun erfüllt seine Aufgabe, keine Probleme mit dem Wasser. Salz und Mineralien sind vorhanden. Es gibt keinen Grund zu klagen. Sie weichen mir aus, als ich komme, aber ein Mutterschaf bleibt liegen, ruhig wie ein alter Baum. Es ist die Nummer 018, sie war immer schon besonders gesellig.

30. September

Auf dem Hof sind neue Zeiten angebrochen. Vielleicht war das unvermeidbar. Wir haben angefangen, die Schafe als Einkommensquelle zu betrachten. Es sollen noch mehr werden, und wir wollen eine zugelassene Schlachtanlage einrichten. Wir werden immer mehr zu echten Bauern. Schließlich braucht man ein Einkommen, um dem Staat nicht auf der Tasche zu liegen. Man kann Atomwaffen oder Pornofilme produzieren, ohne der Gesellschaft zur Last zu fallen, ja sogar eine Bereicherung für den Staatshaushalt darstellen. Durch die Gegend zu laufen, Steinchen zu kicken und über den Sinn des Ganzen nachzudenken, ist dagegen suspekt. Kein Wunder, dass es uns an Motivation mangelt.

1. Oktober

Wir rationalisieren die Arbeit mit den Schafen immer weiter, teilen die Verantwortung auf. Ich sehe kurz nach, ob sie noch leben, gern aus der Ferne. Es gibt so viel anderes zu tun. Auch wenn es natürlich anstrengend war, als sie immerzu stiften gingen, schweißten uns diese Konflikte auch zusammen. Die ständige Auseinandersetzung mit den Schafen gab meinem Dasein einen Inhalt, war etwas Lebendiges, Sinnvolles. Die kommerzielle Fleischproduktion ist sinnentleert. Gewinnbringend, aber sinnentleert.

18. Oktober

Ich muss akzeptieren, dass die Schafhaltung jetzt einen anderen Charakter hat. Das Leben geht weiter, man probiert Dinge aus, tastet sich voran, verändert sich. Ich gehe in dem kleinen Pferch vor der Scheune hin und her. Die Schafe sehen mich ein paar Sekunden lang an, ehe sie weitergrasen. Selbst einige der alten Mutterschafe, die mich ihr ganzes Leben lang jeden Tag gesehen haben, scheinen für einen Moment zu überlegen, ob ich ein Raubtier bin oder irgendeine andere Gefahr. In meiner Anfangszeit mit der Herde war es oft so wie jetzt, dass ich einfach dastand, meine Beobachtungen gemacht und nachgedacht habe. Jetzt ist es mehr wie eine Arbeit. Dieser Prozess lässt sich offenbar nicht aufhalten. Ich weiß nicht, woran es liegt, aber diesem einfachen Dasein, Hirte zu sein und etwas über die Schafe zu erfahren, mangelt es auf Dauer an Lebenskraft. Es ist wie mit einem Lamm, das keine Muttermilch bekommt und langsam verkümmert. Und gleichzeitig bleibt die eigentliche Beziehung zu den Schafen und ihrer anspruchslosen Existenz bestehen. Der Zaun, das Blöken, das Wiederkäuen. Die kommerzielle Fleischproduktion kann meine Zeit in Anspruch nehmen, aber nicht meine Gedanken.

19. Oktober

Unser Hirte hat ein Problem mit der 018. Sie greift die Hunde an. Er will sie schlachten. Wir können diese Gene nicht weiterführen, wenn wir eine funktionierende Herde haben wollen. Auf der Weide kommt sie mir entgegen. Wir können das bestimmt noch ein bisschen hinauszögern, flüstere ich.